仁·中学生读本

黄荣华 主编

义者之言

——《孟子》选读

黄荣华 李郦 编选

上海教育出版社

图书在版编目（CIP）数据

义者之言：《孟子》选读 / 黄荣华主编. — 上海:上海教育出
版社, 2017.6（2020.1重印）
ISBN 978-7-5444-7533-4

Ⅰ.①义… Ⅱ.①黄… Ⅲ.①儒家②《孟子》—青少年读物
Ⅳ.①B222.5-49

中国版本图书馆CIP数据核字(2017)第126771号

责任编辑　高立群
封面设计　陆　弦

义者之言
———〈孟子〉选读
黄荣华　主编

出版发行	上海教育出版社有限公司
官　　网	www.seph.com.cn
地　　址	上海市永福路123号
邮　　编	200031
印　　刷	合肥广源印务有限公司
开　　本	640×960　1/16　印张 11
版　　次	2017年7月第1版
印　　次	2020年1月第3次印刷
书　　号	ISBN 978-7-5444-7533-4/G·6198
定　　价	29.80 元

如发现质量问题，读者可向本社调换　电话:021-64377165

人之需 （代总序）

　　一直想给中学生朋友编一套中华传统文化方面的读本。

　　作为中学语文教师，我们有自己的理由——

　　中华古代文化浩如烟海，书市上古代文化方面的图书也不计其数，但专门面向现代中学生的普通读本却很难找到，更不要说那种切合中学生阅读心理、精心选材、精心作注、精心释义的系列丛书了。

　　而从一名中学语文教师的角度看，当今中国语文教育最缺失的一块又恰恰是对中华传统文化的敬重、理解与传承。

　　众所周知，教育本来是指向学生的全面发展的，但因为"高考列车"越跑越快所产生的巨大无比的力量，语文已沦落为应试的工具。

　　在这样的教育中，对文化的漠视已成为语文教育的一个并不为多数人清醒意识到的"传统"；丢弃传统文化，甚至鄙薄传统文化，也已成为语文教育的一个并不为多数人清醒意识到的"传统"。

　　在这样的教育中，现代语文教育的本质意义——作为培育"民族文化之根"的意义，作为培育"效忠于""皈依于"中华民族的现代公民的意义，已基本丧失。

而中华民族在现代前行的艰难身影又告诉我们：我们的教育，我们的语文教育，必须敬重、理解、传承中华传统文化。

中华传统文化作为中华文明的载体，其两大支柱是儒与道。而作为现世人生精神支柱的文化，又主要是儒家文化。儒家文化又以孔子为核心，孔子文化的核心是"仁"——"仁者""爱人"。何为"爱人"？孔子"一以贯之"的是"忠""恕"二字——"己所不欲，勿施于人"，"己欲立而立人，己欲达而达人"。用现在的话说就是：自己不想要的不强加给别人，自己想要的也要让别人拥有。这样，人与人就会友爱，社会就会和谐，人类就会幸福。而支撑这一社会理想的核心思想是：人与人的平等性。

从近一个半世纪的中国近现代历史进程看，由于受列强的侵略，我们民族怀疑甚至痛恨过我们的传统文化，认为那是我们落后挨打之源。所以，我们曾经把传统文化作为落水狗一般痛打。但从我们逐步摆脱"挨打""挨饿"之后"挨骂"的现实看，我们现在最缺失的就是传统文化中的"忠""恕"二字。不"忠"就不"诚"，不"诚"就无"信"；不"恕"就不"容"，不"容"就无"爱"。当今社会的许多问题之源，正在于无"信"无"爱"。

要化解民族前行过程中出现的种种问题与矛盾，当然要从政治、经济、科学、军事、艺术、伦理、道德等各个方面去思考，但在教育过程中，在生活的各个方面，敬重、理解、传承我们传统文化的精髓，应当成为我们思考的重要内容。当我们通过教育，通过生活的方方面面形成的教化体系，能将我们传统文化的精髓与现代民族意识融为一体，内化为崭新的民族精神，并使其上升为民族得以昂然立身的中华现代文明，那我们民族就真正完成了由古代到现代的转型，我们的国家就能成为一个崭新的现代民族国家，我们的人民就会成为"具有中国心的现代文明人"（当代著名教育家于漪老师语）。

有了这样的愿望，就总希望能为实现这样的愿望尽微薄之力，所以我们带着对中华传统文化的敬意，乐意尽自己最大的力量为中学生朋友推介中华传统文化。

同时，作为语文教师，我们还感到，要真正理解语言、掌握语言，就必须理解文化，特别要理解传统文化。

语言学研究表明：语言的理解与运用，归根结底是与某个社会群体的认知方式、道德规范、文化传承、价值标准、风俗习惯、审美情趣等特定的文化因素相关联的；语言运用要得体，既要遵循语法规则，更要遵循文化规则。由于汉语的组织特点是"文便是道""以意役法"，即意义控制形式，"意在笔（言）先"，所以文化规则在汉语的组织运用中更有着突出的意义。又由于汉语是由汉字联属而成，而汉字是世界上最古老的文字之一，更是世界几千年间唯一没有中断其历史的文字；每个走过几千年的汉字都有着深厚的文化沉淀，可谓一个汉字就是一个广博精深的文化单元，就是一个意趣醇厚的审美单元（鲁迅先生曾在《汉文学史纲要·自文字至文章》中指出，汉字有"三美"："意美以感心"，"音美以感耳"，"形美以感目"）。因此，要让孩子们准确地把握经典文本表达的意义，恰当地表述自己的观点，得体而有效地与人交际，就要引导他们了解、掌握语言背后蕴含的丰富的文化信息。

现在只有无知者才不会承认，中华文明体是一个坚实、深刻、厚重、博大的文化体系。这个文化体系已将自己的精神文化贯彻到了人们可见、可知甚至可感的世界的每一个角落，渗透在人们的气血经脉、意识与潜意识之中，正所谓

"致广大而尽精微"（《中庸》）。在这个"致广大而尽精微"的文化体系中，天、地、人的分工和边界及其协调与平衡，都有着清晰、真切、生动的表达；在这个体系中，中华民族已建立起了自己独一无二的生活方式——在天与地之间，堂堂正正地做人，做一个大写的人。由此，中华民族也就有着有别于其他一切民族的独特文化——天地之间的人文化，而不是天界中的神文化，不是地界中的鬼文化。尽管我们的文化中不可避免地会涉及神鬼，但总体而言它是"敬鬼神而远之"的。由此，我们也就会真正明白，为什么诸子百家中的任何一家最终都将自己的精神内核指向了人，为什么我们几千年的文化主体选择了"儒"——人之需！如果不了解、不理解这样的文化，就不能真正读懂我们的文化原典，就不能真正听懂古今经典之作的汉语述说，就很难得体地用好已走过了几千年的民族语言。

基于上述两大理由，我们编著了这套《中华根文化·中学生读本》。

"根文化"就是"文化之根"。它表明这套读本关注的是中华文化最根本的部分。这又有两层意思：一是读本的内容选择上，关注代表根文化的内容；二是在注解、翻译、释义上，关注所选内容最本原的意义，基本不做现代阐释。

作为"中学生读本"，我们尽可能使其适合中学生的文化心理。每个选本均按主题组织若干单元，并写有单元导语；用浅近的白话注解、今译、释义，力求简洁明了。

《中华根文化·中学生读本》第一辑15种，主要选编先秦时期的经典，包括《兴于诗——〈诗经〉选读》《立于礼——"三礼"选读》《成于乐——〈乐记〉〈声无哀乐论〉选读》《仁者之言——〈论语〉选读》《义者之言——〈孟子〉选读》《君子之言——〈荀子〉选读》《智者之言——〈老子〉选读》《达者之言——〈庄子〉选读》《爱者之言——〈墨子〉选读》《法者之言——〈韩非子〉选读》《忠者之言——〈楚辞〉选读》《谋者之言——〈孙子〉选读》《春秋大义——〈春秋〉三传选读》《诸侯美政——〈国语〉选读》《战国争雄——〈战国策〉选读》。

黄荣华

前　言

　　孟子，名轲，字子舆，战国时期邹国人。生卒年不详。大约生活在孔子后一百多年，他自己曾说：“由孔子而来，至于今，百有余岁。”（《孟子·尽心下》）据一些学者推测，他大约活了84岁。

　　孟子一生对孔子非常崇拜。“乃所愿，则学孔子”（《孟子·公孙丑上》），是他与自己的学生公孙丑谈话时表达的心愿，用今天的话说就是：“至于我的愿望，就是向孔子学习。”还是在这次谈话中，他借孔子学生有若的话表达了对孔子的崇高赞美：“出于其类，拔乎其萃，自生民以来未有盛于孔子也。”意思是说：高出自己的同类，超越自己的群体，自从有人类以来没有比孔子更伟大的人了。

　　孟子崇敬孔子，因而下功夫钻研孔子，下决心继承孔子，尽最大的力量传播并发扬光大孔子的学说。

　　他受业于孔子的孙子子思的门人。他说：“予未得为孔子徒也，予私淑诸人也。”意思是说：我没有能够成为孔子的弟子，但我私下向孔子的众多传人学习。

　　学成之后，孟子以“仁政”“王天下”游说诸侯。但孟子的游说活动与孔子相似，没有取得什么成效。大约70岁以后，他不再出游。据《史记·孟子荀卿列传》：他同“万章之徒序《诗》《书》，述仲尼之意，作《孟子》七篇”。

韩愈在《原道》中说:"尧以是传之舜,舜以是传之禹,禹以是传之汤,汤以是传之文、武、周公,文、武、周公传之孔子,孔子传之孟轲。"意思是说,孔子继承了尧、舜、禹、汤、文、武、周公之道,孟子继承了孔子之道。确实如此,孟子继承并光大了孔子的学说。他对儒学的贡献也得到后人的认可。南宋时期,官方将《孟子》列于《论语》之后,与《大学》《中庸》组成"四书",作为学子的必修课本。孟子因此也上升为"亚圣"的地位。

孟子对后世的影响是多方面的,影响最大的当然是他的学说。

孟子生活的战国时期,学派林立,"百家争鸣",但"杨朱、墨翟之言盈天下,天下之言不归杨则归墨。"(《孟子·滕文公下》)孟子认为"杨墨之道不息,孔子之道不著。"(《孟子·滕文公下》)他以孔子的继承者自任,以"距杨墨""息邪说"自任,与当时各学派展开论战。他把当时一切不合儒家思想的观点学说斥之为"诐辞""淫辞""邪辞""遁辞",并大加鞭笞和抨击。孟子在这样的论战中,一方面维护了儒家学说的立场,另一方面也发展了儒家学说。

一是明确提出并证明人性本善的观点。孔子关涉了人性,但没有谈善恶。孟子在《孟子·滕文公上》中首次提到"性善":"孟子道性善,言必称尧舜";在《孟子·告子上》中,通过与告子的论辩基本确立了"性善论":"人性之善也,犹水之就下也。人无有不善,水无有不下。""仁义礼智,非由外铄我也,我固有之也。"当然,孟子也看到,即使人性本善,如果不能保养善心,人也会变恶。因此,他极力提倡"养气"以"居仁""饱仁""胜不仁"。

二是明晰"仁""义"之界。《论语》讲"仁",也讲"义",但"义"与"仁"的分别不大,许多时候与"仁"相同。而在《孟子》中，"仁""义"界线分明："仁，人心也；义，人路也。舍其路而弗由，放其心而不知求，哀哉！"(《孟子·告子上》)在孟子这里，"仁"是内在情感、意志，"义"是外在行为准则——如何依"仁"而行动的外在规定性。因此，孟子说："人皆有所不忍，达之于其所忍，仁也；人皆有所不为，达之于其所为，义也。"(《孟子·尽心下》)能忍其所不能忍便是"仁"，不当为则不为，当为一定为，就是"义"。在这里，"仁"与"义"在内与外的修与行中浑然一体。"居仁由义，大人之事备矣。"(《孟子·尽心上》)意思是说：居处在仁中，行走在义上，士的事业就完备了。这句话正是孟子哲学"仁"、"义"特征的很好体现。

三是将仁学推进到"仁政"。孔子、孟子都不是坐而论道者，他们都是积极行动者。如果说孔子是以复古（"克己复礼"）的姿态参与社会变革，那么孟子则是以更现实的姿态参与社会建设。孟子不再死守"克己复礼"，而是强调以仁心为政，天下大治。他说："人皆有不忍人之心。先王有不忍人之心，斯有不忍人之政矣。以不忍人之心，行不忍人之政，治天下可运之掌上。"(《孟子·公孙丑上》)居"不忍人之心"，行"不忍人之政"，就是"居仁由义"的一种表现。孟子设想的这种从"仁心"到"仁政"的转化，就是他的以性善论为基础的"仁政"理论总纲。在这一总纲的指导下，他强调保民、爱民和尊贤、贵士。所以他说："民为贵，社稷次之，君为轻。是故得乎丘民而为天子。"(《孟子·尽心下》)；"桀纣之失天下也，失其民也；失其民者，失其心也。得天下有道，得其民斯得天下矣，得其心斯得其民矣。"(《孟子·离娄上》)；"老吾老以及人之老，幼吾幼以及人之幼。"(《孟子·梁惠王上》)；"乐民之乐，忧民之忧；乐以天下，忧以天下。"(《孟子·梁惠王下》)；"争地以战，杀人盈野；争城以战，杀人盈城，此所谓率土地而食人肉，罪不容于死。"（《孟子·离娄上》）……

除了学说，《孟子》一书的文学意义也流之久远。虽然它的体裁还是语录体，但比之《论语》有了很大的发展，许多篇章气势充沛，表达淋漓尽致，具有雄辩家的气概；在论辩中，常常于不知不觉中将对手引入自己的圈套中，使其自相矛盾而败下阵来；特别是遇到难以说理的地方，常以浅近的譬喻解决，化繁为简，举重若轻。

由于本丛书的编注方向在文化，不在文学，所以本书对《孟子》一书的文学特征涉及很少，请读者谅解。此外，由于我们的根基不深，能力有限，一定有不少牵强、错误之处，敬请方家指正。

最后，要感谢上海市控江中学曲晶老师和朱家角中学王友老师的辛勤劳动，他们分别参与了本书第一单元和第三单元的编注。

黄荣华

目录

第一单元　人性本善

人皆有不忍人之心　003

仁义礼智非由外铄　005

不学而能者　007

仁义礼智之实　008

圣人与我同类　009

仁不可胜用　011

君子所性　013

果有以异于人乎　014

人皆可以为尧舜　015

存心养性　017

万物皆备于我　018

牛之性犹人之性与　019

求其放心而已矣　020

自暴自弃 021

第二单元 浩然之气

持其志,无暴其气 025

养吾浩然之气 028

君子莫大乎与人为善 031

此之谓大丈夫 032

反求诸己 034

君子必自反 035

不成章不达 037

由仁义行 038

三过其门而不入 039

人之所以求富贵利达者 041

养心莫善于寡欲 043

第三单元　舍生取义

不逾阶而相揖　　　　　　　047

士之不托诸侯　　　　　　　048

舍生而取义　　　　　　　　051

修其天爵　　　　　　　　　053

饱乎仁义　　　　　　　　　054

生于忧患而死于安乐　　　　056

耻之于人大矣　　　　　　　058

穷则独善其身　　　　　　　059

沛然莫之能御也　　　　　　060

正己而物正　　　　　　　　061

君子有三乐　　　　　　　　062

尚志　　　　　　　　　　　063

大哉居乎　　　　　　　　　064

君子不可虚拘　　　　　　　066

君子之所以教者 067

君子引而不发 068

君子不谓性也 069

圣而不可知之之谓神 071

第四单元　以仁义说王

老吾老以及人之老 075

何必曰利 076

以仁义说王 078

养生丧死无憾 081

爱惜民力 084

仁者无敌 085

与民同乐 087

得道多助 090

不得罪于巨室 092

师文王　　　　　　　　　　　　093

君子之爱　　　　　　　　　　　095

第五单元　民贵君轻

"残""贼"之人谓之"一夫"　　　099

此之谓寇雠　　　　　　　　　　100

大夫可以去　　　　　　　　　　102

有所不召之臣　　　　　　　　　103

贵戚之卿与异姓之卿　　　　　　106

好善而忘势　　　　　　　　　　108

民贵君轻　　　　　　　　　　　109

诸侯之宝三　　　　　　　　　　110

吾何畏彼哉　　　　　　　　　　111

燕可伐与　　　　　　　　　　　112

奚为后我　　　　　　　　　　　114

七年之病求三年之艾 116

第六单元 援之以道

援之以道 121

有不虞之誉 122

于答是也何有 123

执中无权,犹执一也 126

惟义所在 127

是亦羿有罪焉 128

故者以利为本 130

未有盛于孔子也 131

何取于水 135

其中,非尔力也 136

予私淑诸人也 139

死伤勇 140

恶知其非有　　　141

胸中正，则眸子瞭　　　142

人乐有贤父兄　　　143

无为其所不为　　　144

为弃井也　　　145

以其昭昭使人昭昭　　　146

教亦多术矣　　　147

无耻之耻，无耻矣　　　148

春秋无义战　　　148

尽信《书》不如无《书》　　　149

逃杨必归于儒　　　150

劳心者治人　　　151

再版后记　　　153

第一单元

人性本善

　　人性本善是孟子思想的基石。本单元将《孟子》一书中与此相关的言论汇集在一起，读者可以从中窥个大概。

　　从"人皆有不忍人之心"到"理义之悦我心"，再到"仁不可胜用"，再到"人皆可以为尧舜"，最后到"万物皆备于我"，"人无有不善"的观点就基本确立起来了。

　　孟子人性本善的观点基本上是在与告子的论辩中辩明的，所以本单元重点关注《孟子·告子》(上、下)的内容。

人皆有不忍人之心

仁义礼智非由外铄

不学而能者

仁义礼智之实

圣人与我同类

仁不可胜用

君子所性

果有以异于人乎

人皆可以为尧舜

存心养性

万物皆备于我

牛之性犹人之性与

求其放心而已矣

自暴自弃

人皆有不忍人之心

原文

孟子曰:"人皆有不忍人之心。先王有不忍人之心,斯有不忍人之政矣。以不忍人之心,行不忍人之政,治天下可运之掌上。所以谓人皆有不忍人之心者,今人乍①见孺子将入于井,皆有怵惕恻隐之心。非所以内交于孺子之父母也,非所以要②誉于乡党朋友也,非恶其声而然也。

由是观之,无恻隐之心,非人也;无羞恶之心,非人也;无辞让之心,非人也;无是非之心,非人也。恻隐之心,仁之端③也;羞恶之心,义之端也;辞让之心,礼之端也;是非之心,智之端也。人之有是四端也,犹其有四体也。有是四端而自谓不能者,自贼④者也;谓其君不能者,贼其君者也。凡有四端于我者,知皆扩而充之矣,若火之始然⑤,泉之始达。苟能充之,足以保四海;苟不充之,不足以事父母。"

——《孟子·公孙丑上》

注解:①乍:忽然。②要:通"邀",求取。③端:开头,开端。④自贼:自暴自弃。贼,残害。⑤然:通"燃",燃烧。

今译

孟子说:"人们都有不能忍受别人受苦的怜恤心。先王因为有不能忍受别人受苦的怜恤心,于是就有了不能忍受别人受苦的政策。凭着不能忍受别人受苦的怜恤心来实施不能忍受别人受苦的政策,治理国家就能够像在手掌上转运小物件一样容易。说人们都有不能忍受别人受苦的怜恤心的原因,是如果突然看到一个小孩要跌到井里去,人们都会有惊骇同情的心情——这不是用来和小孩的父母攀结交情,不是用来要在乡里朋友中间博取名誉,不是厌恶那小孩的哭声才这样的。

由此看来,一个人如果没有同情心,就不是人;如果没有羞耻心,就不是人;如果没有推让心,就不是人;如果没有是非心,就不是人。同情心是仁的开端,羞耻心是义的开端,推让心是礼的开端,是非心是智的开端。人心有这四个开端,好比有四肢一样。有这四个开端却认为自己不行,是自暴自弃的人;认为他的君主不行,是残害他君主的人。所有具有这四个开端的人,如果知道把它们扩充起来,便会像大火刚刚燃烧,泉水刚刚流出。如果能够让它们发展起来,那么就足以安定天下;如果不能够让它们发展起来,那么连赡养父母都不行。"

释义

"人皆有不忍人之心"是孟子性善论的基石。在孟子看来,"不忍人之心"具体表现在四个方面:恻隐之心、羞恶之心、辞让之心、是非之心。人有这"四心"就有了仁、义、礼、智的发端。如果能保护好这"四心"并能将其扩充开去,就可以"保四海""事父母",天下就在善的庇护之下了。

仁义礼智非由外铄

原文

公都子①曰："告子曰：'性无善无不善也。'或曰：'性可以为善，可以为不善；是故文武兴，则民好善；幽厉兴，则民好暴。'或曰：'有性善，有性不善；是故以尧为君而有象②；以瞽瞍为父而有舜；以纣为兄之子且以为君，而有微子启、王子比干。'今曰'性善'，然则彼皆非与？"

孟子曰："乃若③其情，则可以为善矣，乃所谓善也。若夫为不善，非才④之罪也。恻隐之心，人皆有之；羞恶之心，人皆有之；恭敬之心，人皆有之；是非之心，人皆有之。恻隐之心，仁也；羞恶之心，义也；恭敬之心，礼也；是非之心，智也。仁、义、礼、智，非由外铄⑤我也，我固有之也，弗思耳矣。故曰，'求则得之，舍则失之'。或相倍蓰⑥而无算者，不能尽其才者也。《诗》曰：'天生烝⑦民，有物有则。民之秉彝⑧，好是懿德。'孔子曰：'为此诗者，其知道乎！故有物必有则；民之秉彝也，故好是懿德。'"

——《孟子·告子上》

注解：① 公都子：孟子的弟子。② 尧为君而有象：尧和后文的舜是传说中上古明君。象，指舜的弟弟，为人品行不

佳。③ **乃若**：发语词，相当于"若夫"。④ **才**：材质，质性。
⑤ **铄**：授。⑥ **倍蓰**：数倍。蓰，五倍。⑦ **烝**：众多。⑧ **彝**：
恒常，规律。

今译

公都子说："告子说：'本性没有什么善良，也没有什么不善
良。'有人说：'本性可以使它善良，也可以使它不善良；所以周文
王、武王执政，百姓便趋向善良；周幽王、厉王执政，百姓便趋向
横暴。'也有人说：'有些人本性善良，有些人本性不善良；所以尧
这样的圣君，也有象这样不好的百姓；瞽瞍这样坏的父亲，却有
舜这样好的儿子；纣这样恶的侄儿，而且为君王，也有微子启、王
子比干这样的仁人。'现在老师说人本性善良，那么，他们都错
了吗？"

孟子说："谈到人们的性情，都是可以形成善的，这便是我所
说的人性本善。至于那些不善良的人，不是他资质的过错。同
情心，每个人都有；羞耻心，每个人都有；恭敬心，每个人都有；是
非心，每个人都有。同情心属于仁，羞耻心属于义，恭敬心属于
礼，是非心属于智。这仁、义、礼、智，不是由外人强加给我的，是
我本来就有的，不过没有思考过它罢了。所以说，'探求，便会得
到；放弃，便会失掉'。人与人之间相差一倍，甚至无数倍的无计
其数，这是不能充分发挥他们的本身资质的缘故啊。《诗经》说：
'天生育众民，事物都有它的规律。百姓把握事物的规律，喜爱
优良的品德。'孔子说：'写作这篇诗的人，大概懂得道啊！所以
有事物，便有它的规律；百姓把握了这些不变的规律，所以喜爱
优良的品德。'"

释义

在孟子看来，仁、义、礼、智，不是由外人强加给自己的，是一

个人本来就有的，人们天生的性情都是可以形成善的。至于那些不善良的人，不是他们天生性情的过错，是"舍则失之"。

不学而能者

原文

　　孟子曰："人之所不学而能者，其良能①也；所不虑而知者，其良知也。孩提之童，无不知爱其亲者；及其长也，无不知敬其兄也。亲亲，仁也；敬长，义也；无他，达之天下也。"

——《孟子·尽心上》

　　注解：① 良能：本能。

今译

　　孟子说："人不用学习便能做到的，这是本能；不用思考便会知道的，这是本知。小孩没有不爱他父母的，等他们长大后，没有不知道恭敬兄长的。爱父母是仁，恭敬兄长是义。这没别的原因，因为这两种品德可以通行天下。"

释义

　　仁义是"良能""良知"。葆有二者，可以通行天下。

这是孟子对仁义的信念。这一信念建立在人性本善的基础上。

仁义礼智之实

原文

孟子曰:"仁之实,事亲是也;义之实,从兄是也;智之实,知斯二者弗去是也;礼之实,节文①斯二者是也;乐之实,乐斯二者,乐则生矣;生则恶可已②也,恶可已,则不知足之蹈之、手之舞之。"

——《孟子·离娄上》

注解:① 节文:调节与修饰。② 恶(wū)可已:恶,何,怎么。已,停止。

今译

孟子说:"仁的实质是侍奉父母;义的实质是尊从兄长;智的实质是明白这两者,不丢掉它们;礼的实质是调节、修饰这两者;乐的实质是以这两者为人生的快乐,那么人生的快乐就产生了;快乐产生了就怎么也停止不了,快乐怎么也停止不了,就会不自觉地手舞足蹈起来。"

释义

《论语》中说："君子务本,本立而道生。孝弟(悌)也者,其为仁之本与?"孟子的话正是对此的进一步申述。仁义的实质就是孝悌,礼智的实质就是由外而内地引导人们将孝悌进行到底。所以朱熹在《孟子集注》中说:"天下之道皆原于此,然必知之明而守之固,然后节之密而乐之深也。"

圣人与我同类

原文

孟子曰:"富岁,子弟多赖①;凶岁,子弟多暴,非天之降才尔殊也,其所以陷溺其心者然也。今夫䴫麦②,播种而耰③之,其地同,树之时又同,浡然而生,至于日至④之时,皆熟矣。虽有不同,则地有肥硗⑤、雨露之养、人事之不齐也。故凡同类者,举相似也,何独至于人而疑之?圣人与我同类者。故龙子曰:'不知足而为屦,我知其不为蒉⑥也。'屦之相似,天下之足同也。口之于味,有同耆也;易牙⑦先得我口之所耆者也。如使口之于味也,其性与人殊,若犬马之与我不同类也,则天下何耆皆从易牙之于味也?至于味,天下期于易牙,是天下之口相似也。惟耳亦然。至于声,天下期于师旷,是天下之耳相似也。惟目亦然。至于子都,天下莫不知其姣也。不知子都⑧

之姣者，无目者也。故曰：口之于味也，有同耆焉；耳之于声也，有同听焉；目之于色也，有同美焉。至于心，独无所同然乎？心之所同然者何也？谓理也，义也。圣人先得我心之所同然耳。故理义之悦我心，犹刍豢⑨之悦我口。"

——《孟子·告子上》

注解：① 籁：懒惰。② 秄（móu）麦：大麦。③ 耰（yōu）：此处指用土覆盖种子。④ 日至：此处指"夏至"。⑤ 硗（qiāo）：土地瘠薄。⑥ 蒉（kuì）：草筐。⑦ 易牙：齐桓公宠臣，相传他善烹饪。⑧ 子都：古代美男子名。⑨ 刍豢：指家畜。

今译

孟子说："丰收年成，少年子弟多半懒惰；灾荒年成，少年子弟多半横暴，不是天生的资质这样不同，而是他们的心被侵蚀、损坏的原因。就像大麦，播种后要用土盖好种子，生长的土地相同，种植时间相同，蓬勃地生长，到夏至后都会成熟。虽然有收获多少的不同，但那是土地肥瘠、雨露多少、人工勤惰不同的原因。所以凡是同类的东西，大体都相似。为什么独独谈到人类便怀疑了呢？圣人也是和我同类的人。所以龙子说：'即使不知道一个人脚的样子也能编出他能穿的草鞋，我知道一定不会为他编成一个筐子。'草鞋相似，是因为各人的脚大体相同。口对于味道，有相同的嗜好；易牙是早就掌握了我们共同嗜好的人。假使口对于味道，每个人都不一样，就像狗、马和我们人类本质上不相同一样，那么，为什么天下的人都追随着易牙的口味呢？一说到口味，天下人都期望做到易牙那样，这就说明了天下人的口味大体是相同的。对耳朵来说也是这样,一讲到音乐,天下都期望做到师旷那样,这就说明天下人的听觉也是大体相同的。对眼睛来说也是这样,一讲到子都,天下没有人不知道他是美丽的。不认为子都是美丽的人是没有眼睛的人。所以说,口对于味道,有相同的嗜好;耳朵对于声音,有相同的听觉;眼睛对于颜色,有相同的美感。谈到人的心,就独独没有相同的爱好吗?人心相同的爱好是什么呢?是理,是义。圣人早知道我们内心有相同喜好的东西罢了。所以理、义使我的心高兴,正和猪狗牛羊的肉合乎我的口味一般。"

释义

粮食播种后,到一定的时间都会成熟,因为种子里面有使它成熟的基因。人们的脚大体相同、口味的嗜好大体相同、声音的听觉大体相同、眼睛的美感也大体相同,所以,我们内心也有相同的东西,那就是理和义。

仁不可胜用

原文

孟子曰:"人皆有所不忍,达之于其所忍,仁也;人皆有所不为,达之于其所为,义也。人能充无欲害人之心,而仁不可胜用也;人能充无穿逾①之心,而义不可胜用也;人能充无受尔汝之实②,无所往而不为义也。士未可以言而言,是以言餂③之也;可以言而不言,是以不言餂之也,是皆穿逾之类也。"

——《孟子·尽心下》

注解:① 穿逾:穿穴逾墙去偷盗。② 尔汝之实:"尔""汝"本是尊长对卑幼的称呼,如果平辈之间使用,就有轻视的意味。这里指轻视。③ 餂(tiǎn):诱取。

今译

孟子说:"人们都有不能忍受别人受苦的怜悯心,把它扩充到能忍受的事上,就是仁;每个人都有不愿意做的事,把它扩充到愿意去做的事上,就是义。人如果能够扩充不想害人的心,而仁就用不完了;人如果能够扩充不穿穴逾墙去偷盗的心,而义就用不完了;人如果能够扩充不受轻贱的言行,那无论到哪里都不会做不合乎义的事。一个士人,若在不可以说话的时候说话,这是用言语来诱取私利;若在可以说话的时候不说,这是用沉默来诱取私利,这些都是穿穴逾墙去偷盗之类的行径。"

释义

如何做到仁与义?就是要扩充自己的本性,即将"所不忍"扩展到"所忍",将"所不为"扩展到"所为"。也就是将"恻隐之心""羞恶之心""辞让之心""是非之心"发挥出来,贯彻到底。

本章孟子还特别提出士人如何"言"的问题。孟子认为,该言则言,不该言则不言,否则都有"穿逾"之嫌。

君子所性

原文

孟子曰："广土众民，君子欲之，所乐不存焉；中天下而立，定四海之民，君子乐之，所性不存焉。君子所性，虽大行①不加焉，虽穷居不损焉，分定故也。君子所性，仁、义、礼、智根于心，其生色也，睟然②见于面，盎③于背，施④于四体，四体不言而喻。"

——《孟子·尽心上》

注解：① 大行：指理想、抱负行于天下。② 睟（suì）然：颜色润泽的样子。③ 盎（àng）：显露。④ 施：散布。

今译

孟子说："拥有广大的土地、众多的百姓，是君子希望的局面，但是乐趣不在这里；站立在天下的中央，安定天下的百姓，是君子快乐的事情，但是本性不在这里。君子的本性，即使他的理想在天下得到了实现，也并不因此而增加；即使处在困窘中，也并不因此而减少，这是本性固定不会变动的缘故。君子的本性，仁、义、礼、智根植在他心中，表现出来的神色温润纯正，表现在脸上，显露在背上，散布在四肢，他的一举一动，不用言语，别人也能明白。"

释义

君子希望推行道义,安定天下的百姓。但是这些并不是君子的本性。仁、义、礼、智根植于君子的内心,才形成了君子的本性。

君子守性如一,不因得志而增,不因失意而减。君子因仁、义、礼、智深植于内心而"人知之,亦嚣嚣(安闲自得的样子);人不知,亦嚣嚣"。

果有以异于人乎

原文

储子①曰:"王使人瞯②夫子,果有以异于人乎?"

孟子曰:"何以异于人哉? 尧舜与人同耳。"

——《孟子·离娄下》

注解:① 储子:齐国人。② 瞯(jiàn):窥视。

今译

储子说:"大王让人来窥视您,看您真有和别人不同的地方吗?"

孟子说:"为什么要跟别人不同呢? 尧舜也和一般人一样啊。"

释义

尧舜这样的圣人,其实也是和普通人一样的人。

孟子认为尧舜也和一般人一样,其实根本目的还是宣扬自己的学说——人之初,性本善。也就是说,尧舜这样的圣人本性也和普通人一样,本性就是善良。

人皆可以为尧舜

原文

曹交①问曰:"人皆可以为尧舜,有诸?"

孟子曰:"然。"

"交闻文王十尺,汤九尺,今交九尺四寸以长,食粟而已,如何则可?"

曰:"奚有于是? 亦为之而已矣。有人于此,力不能胜一匹雏,则为无力人矣;今曰举百钧②,则为有力人矣。然则举乌获③之任,是亦为乌获而已矣。夫人岂以不胜为患哉? 弗为耳。徐行后长者谓之弟④,疾行先长者谓之不弟。夫徐行者,岂人所不能哉? 所不为也。尧舜之道,孝弟而已矣。子服尧之服,诵尧之言,行尧之行,是尧而已矣。子服桀之服,诵桀之言,行桀之行,是桀而已矣。"

曰:"交得见于邹君,可以假馆,愿留而受业于门。"

曰："夫道，若大路然，岂难知哉？人病不求耳。子归而求之，有余师。"

——《孟子·告子下》

注解：① 曹交：身份不详。② 钧：三十斤为一钧。③ 乌获：古代大力士。④ 弟：通"悌"。

今译

曹交问道："人人都可以成为尧舜那样的圣人，有这说法吗？"

孟子回答说："有的。"

曹交问："我听说文王身高十尺，汤身高九尺，如今我有九尺四寸多，只会吃饭罢了，要怎样做才行呢？"

孟子说："这有什么关系呢？只要去做就行了。有一个人在这里，连一只小鸡都提不起来，是毫无力气的人了；如果说能够举起三千斤重的东西，就是很有力气的人了。那么，举得起乌获所能举的重量的，也就是乌获罢了。人难道以不能胜任为忧患吗？只是不去做罢了。走得慢一点，跟在长者之后，叫做悌；走得很快，抢在长者之前，叫做不悌。走得慢一点，难道是人做不到的吗？只是不那样做罢了。成尧成舜的方法，也不过就是孝和悌罢了。你穿尧的衣服，说尧的话，做尧所做的事，你就是尧了。你穿桀的衣服，说桀的话，做桀所做的事，你就是桀了。"

曹交说："我准备去拜见邹君，这样可以向他借馆驿，我愿留在您门下学习。"

孟子说："道就像大路一样，难道很难了解吗？人的毛病在于不积极寻找罢了。你回去自己寻求吧，有很多老师呢。"

释义

人人都可以成为尧舜那样的圣人,只要亲自去做。成尧成舜之道,也不过就是孝和悌。也就是说,只要积极进取,人人都可以成为尧舜那样的圣人。孟子在这里鼓励人们一心向善,努力为善。

存 心 养 性

原文

孟子曰:"尽其心者,知其性也。知其性,则知天矣。存其心,养其性,所以事天也。殀寿不贰①,修身以俟②之,所以立命也。"

——《孟子·尽心上》

注解:① 不贰:没有二心,专一。② 俟:等待。

今译

孟子说:"充分彰显了人的本心,就明了了人的本性。明了了人的本性,就明了了天命。保持人的本心,养育人的本性,这就是用来侍奉上天的方法。无论短命还是长寿,都不三心二意,修养自身来等待上天的安排,这就是用来安身立命的方法。"

释义

"尽心"→"知性"→"知天",人就是这样把握自己,也就是把握天命。

"存心"→"养性"→"事天",人就是这样安身立命,也就是把握天命。

孟子本章讲述了他的一个重要观点:"存心""养性"以"立命"。

万物皆备于我

原文

孟子曰:"万物皆备于我矣。反身①而诚,乐莫大焉。强恕②而行,求仁莫近焉。"

——《孟子·尽心上》

注解:①反身:反过来要求自己,自我检束。②强恕:强,尽力。恕,以自己的心推想别人的心。

今译

孟子说:"一切都在我身上具备了。反躬自问而诚实无欺,快乐没有比这更大的了。尽力地实行恕道,求仁的道路没有比这更近的了。"

释义

　　人既然一切都具备了,那为什么有许多方面还做不到呢?有许多方面还做不好呢?因此,我们要做的就是不断地反省,自我检束,并通过努力实践,将自我身上的仁性充分地发挥出来就行了。

牛之性犹人之性与

原文

　　告子曰:"生①之谓性。"

　　孟子曰:"生之谓性也,犹白之谓白与?"

　　曰:"然。"

　　"白羽之白也,犹白雪之白;白雪之白,犹白玉之白与?"

　　曰:"然。"

　　"然则犬之性,犹牛之性;牛之性,犹人之性与?"

——《孟子·告子上》

注解: ① 生:自然资质,天生具有的。

今译

告子说:"天生的资质叫做性。"

孟子问:"天生的资质叫做性,是好比白色的东西叫白吗?"

告子回答说:"是这样的。"

孟子又问:"白羽毛的白好比白雪的白,白雪的白好比白玉的白吗?"

告子回答说:"是这样的。"

孟子再问:"那么,狗性好比牛性,牛性好比人性吗?"

释义

孟子的推论是这样的:如果说天生的资质叫做性,那么白色的东西就可以叫做白;如果白色的东西就可以叫做白,那么白羽毛的白就是白雪的白,白雪的白就是白玉的白;如果白羽毛的白就是白雪的白,白雪的白就是白玉的白,那么狗性就是牛性,牛性就是人性。

很显然,在孟子的追问下,告子陷入了尴尬,因为人性绝不等同于牛性啊!

在这次论辩中,孟子抓住告子观点中混淆了普遍性与特殊性区别的弱点,层层推论,让告子在关于人性的论辩中再次败下阵来。

求其放心而已矣

原文

孟子曰:"仁,人心也;义,人路也。舍其路而弗由,放其心而不知求,哀哉！人有鸡犬放,则知求之;有放心①,而不知求。学问之道无他,求其放心而已矣。"

——《孟子·告子上》

注解：① 放心：放失的良心。放,放任,失去。

今译

孟子说:"仁是人的本心,义是人的大路。放弃那大路不走,丧失那本心而不知道找回,可悲呀！如果鸡和狗走失了,人还知道去寻找它;如果丢失本心,却不知道去寻找回来。求学与探究的目的没有别的,就是把那丢失的本心找回来罢了。"

释义

在孟子看来,人皆有仁义的本心。一些人能一直葆有,是因为他们善于通过求学与探究去寻找"放心";另一些人慢慢变坏了,变恶了,是因为没有能把"放心"找回来。

自 暴 自 弃

原文

孟子曰:"自暴①者,不可与有言②也;自弃者,不可与有为③也。言非④礼义,谓之自暴也;吾身不能居仁由

义,谓之自弃也。仁,人之安宅也;义,人之正路也。旷
安宅而弗居,舍正路而不由,哀哉!"

——《孟子·离娄上》

注解:①暴:残害,伤害。②有言:有善言。③有为:
有所作为。④非:破坏,诋毁。

今译

孟子说:"残害自己的人,不能和他谈什么话;抛弃自己的
人,不能和他干什么事业。出言诋毁礼义,这叫做残害自己;认
为自己不能安处仁中,不能遵义而行,这叫做抛弃自己。仁,是
人类最安适的住宅;义,是人类最正确的道路。让安适的住宅空
着不住,舍弃正确的道路不走,可悲啊!"

释义

自暴自弃就是将自己本来好的东西损坏,将自己本来有的
东西抛弃。这种自我伤害、自我抛弃是人生中最值得悲哀的事。
在孟子看来,仁与义是人性中最宝贵的东西,伤害、抛弃仁与义
就是最可悲的自暴自弃。

第二单元

浩然之气

　　"养气"是孟子在尹文等人的基础上提出的重要观点。《孟子》一书中许多篇目关涉这一观点，尤其是《公孙丑》《离娄》篇用了相当篇幅来阐发这一观点，由此也可见这一观点在孟子学说中的重要性。

　　何为"养气"？"养气"就是修养内心以保养善心、扩充善心、张扬善心，使之充溢彰显于天地之间。

　　如何"养气"？本单元主要汇集了孟子这方面的相关言论。

持其志，无暴其气

养吾浩然之气

君子莫大乎与人为善

此之谓大丈夫

反求诸己

君子必自反

不成章不达

由仁义行

三过其门而不入

人之所以求富贵利达者

养心莫善于寡欲

持其志，无暴其气

公孙丑①问曰："夫子加②齐之卿相，得行道焉，虽由此霸王不异矣。如此，则动心③否乎？"

孟子曰："否。我四十不动心。"

曰："若是，则夫子过孟贲④远矣。"

曰："是不难，告子⑤先我不动心。"

曰："不动心有道乎？"

曰："有。北宫黝⑥之养勇也：不肤挠⑦，不目逃，思以一豪⑧挫于人，若挞之于市朝⑨；不受于褐宽博⑩，亦不受于万乘之君；视刺万乘之君，若刺褐夫；无严⑪诸侯，恶声至，必反之。孟施舍⑫之所养勇也，曰：'视不胜犹胜也；量敌而后进，虑胜而后会⑬，是畏三军者也。舍岂能为必胜哉？能无惧而已矣。'孟施舍似曾子，北宫黝似子夏⑭。夫二子之勇，未知其孰贤，然而孟施舍守约也。昔者曾子谓子襄⑮曰：'子好勇乎？吾尝闻大勇于夫子⑯矣：自反而不缩⑰，虽褐宽博，吾不惴⑱焉；自反而缩，虽千万人，吾往矣。'孟施舍之守气，又不如曾子之守约也。"

曰："敢问夫子之不动心，与告子之不动心，可得闻与？"

"告子曰：'不得⑲于言，勿求于心⑳；不得于心，勿求于气㉑。'不得于心，勿求于气，可；不得于言，勿求于心，不可。夫志，气之帅也；气，体之充也。夫志至焉，气次焉；故曰：'持㉒其志，无暴㉓其气。'"

"既曰'志至焉，气次焉'，又曰'持其志，无暴其气'，何也？"

曰："志壹㉔则动气，气壹则动志也。今夫蹶㉕者趋㉖者，是气也，而反动其心。"

——《孟子·公孙丑上》

注解：① 公孙丑：孟子的弟子。② 加：居，担任。③ 动心：指因为责任重大，会恐惧疑惑，心有不定。④ 孟贲：齐国人，古代勇士。⑤ 告子：名不害。身份不详。⑥ 北宫黝（yǒu）：身份不详。⑦ 挠：却，退，一说为"桡"。⑧ 豪：通"毫"。⑨ 市朝：偏义复词，偏指"市"，市场。⑩ 褐宽博：穿宽大粗布衣的人。即下文"褐夫"。⑪ 严：畏惧。⑫ 孟施舍：身份不详。⑬ 会：合，交锋。⑭ 子夏：孔子弟子卜商，子夏是其字。⑮ 子襄：曾子的弟子。⑯ 夫子：指孔子。⑰ 缩：直，有理。⑱ 惴：使……惊惧。⑲ 得：得到。⑳ 心：思想。㉑ 气：意外。㉒ 持：把守，坚持。㉓ 暴：乱。㉔ 壹：一，专一。㉕ 蹶：跌倒。㉖ 趋：小步快走。

今译

公孙丑问老师："老师您如果做了齐国的卿相，能够推行自己的治国主张，即使从此成就霸业甚至王业，也是不足为怪的。像这样，您会不会感到不安呢？"

孟子回答说："不会的。我四十岁以后就不会感到不安了。"

公孙丑说:"像这样,老师超过孟贲很远了。"

孟子说:"这不难,告子心定比我还早呢。"

公孙丑又问:"让心定有方法吗?"

孟子回答说:"有。北宫黝培养勇气是这样的:肌肤被刺不退却,眼睛被戳不眨眼。他认为被人伤了一根毫毛,就好像在众人中被人鞭打了一样。既不能被地位低的人伤害,也不能被大国的君主伤害,把刺杀大国的君主看成与刺杀卑贱的人一样。不畏惧诸侯,听到了辱骂一定回击它。孟施舍培养勇气是这样的,他说:'看待不能战胜的对手与能战胜的对手一样。先估量对手的实力然后才前进,先考虑胜败然后才交锋,这一定是畏惧强大对手的人。我孟施舍哪能打必胜的仗呢? 只不过是能够不惧怕罢了。'孟施舍像曾子,北宫黝像子夏。这两个人的勇气,也不知道谁更强,但孟施舍执守简约的养勇方法。先前曾子对子襄说:'你喜欢勇敢吗? 我曾经从老师那里听到过关于大勇的道理:反思自己,倘若自己不在理,即使对手是穿粗衣的卑微的人,我不使他受惊吓;反思自己,倘若自己得理,即使对手是千军万马,我也向前进。'孟施舍执守不畏惧的勇气,又不如曾子执守更简约的养勇办法。"

公孙丑问老师说:"学生大胆请问老师,您的不动心和告子的不动心有不同吗? 能够让我听听吗?"

孟子说:"告子说:'不能表达在语言上,就不要向心内求助;不能从心中得到,就不要向意气求助。'说不能从心中得到,就不要向意气求助,这是可以的。若说不能表达在语言上,就不要向心内求助,是不行的。因为情志是意气的主导,意气总是充满人的体内。情志到哪里,意气就会跟随到哪里。所以说:'坚守情志,不乱用意气。'"

公孙丑问:"老师既说'情志到哪里,意气就会跟随到哪里',又说'坚守情志,不乱用意气',这是为什么?"

孟子说:"情志专一就会鼓动意气,意气专一也会反过来鼓动情志。就像跌倒或小步快走,就是意气专一在某一点上,反过来动了心。"

释义

"不动心有道乎?"公孙丑的问题引出孟子关于"养勇"的论述。人若能"养勇",内心就会有"勇";内心有了"勇",就不会"动心"了。

"敢问夫子之不动心,与告子之不动心,可得闻与?"公孙丑的另一问题,引出了孟子关于"志"与"气"关系的论述,得出"持其志,无暴其气"的结论。

善于养勇,坚守情志,不乱用意气,人就会进入一种很高的境界。

养吾浩然之气

原文

"敢问夫子恶乎长?"

曰:"我知言,我善养吾浩然①之气。"

"敢问何谓浩然之气?"

曰:"难言也。其为气也,至大至刚,以直养而无害,则塞于天地之间。其为气也,配义与道;无是,馁也。是集义所生者,非义袭而取之也。行有不慊②于心,则馁矣。我故曰,告子未尝知义,以其外③之也。必有事焉,

而勿正④,心勿忘,勿助长也。无若宋人然:宋人有闵⑤
其苗之不长而揠⑥之者,芒芒然⑦归,谓其人⑧曰:'今日
病⑨矣! 予助苗长矣!'其子趋而往视之,苗则⑩槁矣。
天下之不助苗长者寡矣。以为无益而舍之者,不耘⑪苗
者也;助之长者,揠苗者也。非徒无益,而又害之。"

"何谓知言?"

曰:"诐⑫辞知其所蔽⑬,淫辞知其所陷⑭,邪辞⑮知其
所离,遁辞⑯知其所穷。生于其心,害于其政;发于其政,
害于其事。圣人复起,必从吾言矣。"

——《孟子·公孙丑上》

注解:① 浩然:盛大流行的样子。② 慊(qiè):满足。
③ 外:以……为外。④ 正:通"止"。⑤ 闵:通"愍",忧虑。
⑥ 揠(yà):拔。⑦ 芒芒然:疲倦的样子。⑧ 其人:他家人。
⑨ 病:疲倦。⑩ 则:却。⑪ 耘:锄草。⑫ 诐(bì):偏颇。
⑬ 蔽:因被遮蔽而片面。⑭ 淫辞知其所陷:淫辞,过分不实
的言辞。陷,与事实相背离。⑮ 邪辞:邪异不正的言辞。
⑯ 遁辞:狡辩的言辞。

今译

公孙丑问:"学生大胆请教,老师在哪一方面擅长?"

孟子说:"我能辨析别人的言辞,善于陶养我的浩然之气。"

公孙丑又问:"请问老师什么叫做浩然之气呢?"

孟子说:"这就难说清楚了。那种气最广大,最刚强。如果
用正直培养它,不损害它,就会充满天地的上下四方。那种气,
要与义和道配合;没有义与道,就不充分,没有力量。那种气,是

长期积聚正义产生的,不是凭突然的某一次正义行为就能取得的。只要行为有一点点不能满足内心对义与道的追求,那种气就不充分了。所以我说,告子不曾懂得义,因为他把义看成心外的东西。一定要培养这种气,永远不停止,一定放在心上不忘记,但也不能用突然袭击的方法帮助它生长。不要像宋国人那样:宋国有一个人,担心他种的禾苗不长而去拔高,十分疲劳地回到家,对他家人说:'今天累坏了! 我帮助禾苗长高了!'他的儿子跑去一看,禾苗已枯槁了。天下人不做这类帮助禾苗长高的事情的是很少的。认为对帮助那种气的养成没有益处而放弃不干的人,就是不去为庄稼除草的懒汉;只用突然的某次行为帮助那种气生长的,就是拔高禾苗帮它生长的人。只是没有益处,反而伤害它生长。"

公孙丑接着又请教:"怎样才算能辨析别人的言辞呢?"

孟子回答说:"偏颇的言辞我知道它因遮蔽而片面的地方在哪里;过分不实的言辞我知道它因夸大而与事实不符的地方在哪里;邪异不正的言辞我知道它背离正道的地方在哪里;狡辩的言辞我知道它理屈的地方在哪里。这几种言辞从内心产生出来,将会对政治产生危害;如果用在政治上,将会危害政事。如果圣人再生,一定会承认我说的是正确的。"

释义

前一章孟子讲"无暴其气"。本章孟子讲要"养吾浩然之气":"直养""集义""勿正""勿忘""勿助长"。正反说、类比说,说"养吾浩然之气"方法的同时,也说"养吾浩然之气"的重要性。

"知言"表面看与"养吾浩然之气"关联不大,其实要真正"养吾浩然之气"还必须"知言"。因为"知言"就不会被"诐辞""淫辞""邪辞""遁辞"伤害,而能做到"直养"与"集义"。

君子莫大乎与人为善

原文

孟子曰:"子路,人告之以有过,则喜。禹闻善言①则拜。大舜有②大焉,善与人同③,舍己从人,乐取于人以为善。自耕稼、陶、渔④以至为帝,无非取于人者。取诸人以为善,是与⑤人为善者也。故君子莫大乎与人为善。"

——《孟子·公孙丑上》

注解:① 禹闻善言:禹,传说中夏朝的开创天子,中国第一位治理洪水的伟大人物。善言,有益的话。② 有:同"又"。③ 同:通。④ 陶、渔:做瓦器、做渔夫。⑤ 与:同,和。

今译

孟子说:"子路这个人,别人把他的错误告诉他,他就高兴。禹这个人,听到了有益的话就给人敬礼。舜又更加伟大了:对于善,没有自己和别人的区分,舍弃自己的不足,学习别人的长处,乐于吸取别人的长处来做善事。从耕地种庄稼、做瓦器、做渔夫一直到做天子,没有一处优点他不是从别人那里学来的。从别人身上吸取优点来做善事,这就是同别人一道做善事。所以君子的德性中没有比同别人一道做善事更高的了。"

释义

从闻过则喜,到闻善而拜,再到舍己从人,要求越来越高,修炼的难度越来越大。舍己从人,是舍弃自己的不善,学习别人的善,最终达到与别人一起做善事,进入人生的善境。

此之谓大丈夫

原文

景春①曰:"公孙衍②、张仪③岂不诚大丈夫哉? 一怒而诸侯惧,安居而天下熄④。"

孟子曰:"是焉得为大丈夫乎? 子未学礼乎? 丈夫之冠也,父命之⑤;女子之嫁也,母命之,往送之门,戒之曰:'往之女家,必敬必戒,无违夫子!'以顺为正者,妾妇之道也。居天下之广居,立天下之正位,行天下之大道⑥;得志与民由之,不得志独行其道。富贵不能淫,贫贱不能移,威武不能屈,此之谓大丈夫。"

——《孟子·滕文公下》

注解:①景春:与孟子同时期人,喜纵横术。②公孙衍:即魏人犀首,战国中期著名的纵横家,做秦相,曾佩五国相印。③张仪:魏人,战国中期著名的纵横家,游说六国连横与秦国结盟,以瓦解齐楚联盟。公孙衍、张仪、景春、孟子都是同时期人。景春赞美公孙衍、张仪时，正是他们最得意的时候。
④ 熄：战事平息。⑤ 丈夫之冠也，父命之：古时男子到了二
十岁，行加冠礼，就是今天讲的成年礼。行加冠礼时，祝辞一
般都由父亲邀请的"宾"进行。命，训导。⑥ 居天下之广居，
立天下之正位，行天下之大道：广居、正位、大道分别指仁、
礼、义。

今译

景春说："公孙衍和张仪难道不是真正的大丈夫吗？他们一
发怒，诸侯都害怕；他们一安静，天下的战事就平息。"

孟子说："这哪里能叫做大丈夫呢？你没有学过礼吗？男子
行加冠礼时，父亲训导他；女子出嫁时，母亲训导她，送她到门
口，告诫她说：'到了你家里，一定恭敬，一定谨慎，不违抗丈夫。'
把顺从看作正途，是做人妻的原则。男子呢，应住在天下最宽广
的住宅仁里，站立在天下正中的位置礼上，行走在天下最正确的
大路义上；得志时同百姓一起实现志向，不得志时就独自坚守志
向。富贵不能使他心志迷惑，贫贱不能改变他的操守，威武不能
使他意志屈服，这才叫做大丈夫。"

释义

大丈夫居仁、立礼、行义，所以"富贵不能淫，贫贱不能移，威
武不能屈"。

反 求 诸 己

原文

　　孟子曰:"爱人不亲,反其仁;治人不治,反其智;礼人不答,反其敬。行有不得者,皆反求诸己,其身正而天下归之。《诗》云:'永言配命①,自求多福。'"

——《孟子·离娄上》

　　注解:① 命:天命。

今译

　　孟子说:"爱别人却不为别人亲近,就要反思自己是否真仁爱;用心管理别人却没有管好,就要反思自己是否真有智慧;礼貌待人却得不到回应,就要反思自己是否真用恭敬心待人。如果有不能实现目标的行为,都应反省,追问自己是否做好了;如果自身端正了,天下人自然会归附你。《诗》说:'永远与天命相符,自己努力去寻求就能获得更多的幸福。'"

释义

　　一个人是否有自我反省的能力,决定了一个人是否能进入人生的高级境界。自我反省的能力越强,进入的境界会越高。这种反省能力,几乎就是"天命"。所以《诗》说:"永言配命,自求多福。"

君子必自反

原文

孟子曰:"君子所以异于人者,以其存心也。君子以仁存心,以礼存心。仁者爱人,有礼者敬人。爱人者,人恒爱之;敬人者,人恒敬之。有人于此,其待我以横逆①,则君子必自反也:我必不仁也,必无礼也,此物奚宜至哉? 其自反而仁矣,自反而有礼矣,其横逆由是也,君子必自反也:我必不忠。自反而忠矣,其横逆由是也,君子曰:'此亦妄人也已矣。如此,则与禽兽奚择②哉? 于禽兽又何难③焉?'是故君子有终身之忧,无一朝之患也。乃若所忧则有之:舜,人也;我,亦人也。舜为法于天下,可传于后世,我由④未免为乡人也,是则可忧也。忧之如何? 如舜而已矣。若夫君子所患则亡矣。非仁无为也,非礼无行也。如有一朝之患,则君子不患矣。"

——《孟子·离娄下》

注解:① 横(hèng)逆:蛮横无礼。② 择:区别。③ 难:责难。④ 由:通"犹"。

今译

孟子说:"君子与一般人不同的原因,是君子拥有的心与一般人不一样。君子把仁牢记在心中，把礼牢记在心中。心中牢记仁的人爱别人，心中牢记礼的人敬别人。爱别人的人，别人总是爱他；敬别人的人，别人总是敬他。假定现在有个人在这里，他用蛮横无礼的态度对待我，如果我是个君子就一定会反省：我一定不仁啊，一定待人没有礼啊，要不别人这种蛮横的态度怎么来的呢？反省后发现我是仁的，是有礼的，那人蛮横地对待我的态度还是这样，如果我是君子就一定进一步反省：我一定待人不忠。反省后发现我待人是忠诚的，那人蛮横地对待我的态度仍然一样，如果我是君子就会说：'这人不过是个无知、不明事理的人罢了。像这样，那同禽兽有什么区别呢？对禽兽能责备什么呢？'因此，君子有终身的忧虑，却没有一时的痛苦。至于君子，他们忧虑的事是有的：舜是人，我也是人。舜能成为天下人的楷模，他的精神一代代传递给后世，我却还不免是一个普通人，这就是值得忧愁的事。怎样解决这忧愁呢？做到像舜那样罢了。至于君子痛苦的事就没有了。不仁的事不干，不合礼的事不做。即使有意外的痛苦，君子也不以为苦。"

释义

"存心"（即存仁心、存礼心）"自反"（即反思仁乎、礼乎、忠乎）"有终身之忧"（即忧不能"如舜"），做到这三点，就是仁人了，"患则亡矣"。

不成章不达

原文

孟子曰:"孔子登东山①而小鲁,登泰山而小天下。故观于海者难为水,游于圣人之门者难为言。观水有术,必观其澜。日月有明,容光②必照焉。流水之为物也,不盈科③不行;君子之志于道也,不成章④不达。"

——《孟子·尽心上》

注解:① 东山:蒙山,在今山东蒙阴南面。② 容光:能够容纳光线的小缝隙。③ 科:坎,坑。④ 成章:音乐一章的完成,这里指事物达到一定阶段或有一定规模。

今译

孟子说:"孔子登上东山便觉得鲁国小了,登上泰山便觉得天下小了。所以看过大海的人,一般的水就难以吸引他;在圣人那里游学过的人,普通的言论就难以吸引他了。欣赏水有方法,一定要欣赏它的波澜。太阳月亮都有光辉,很小的缝隙都一定能照到。流水作为一种特殊物体,不流满洼地不再向前流。君子有志于探求大道,没有达到一定的阶段,也就不能通达。"

释义

站得高才能看得远,胸襟宽广才能包容世界。

从最基础的做起,做到一定的程度才能向远处、高处、深处前行。没有一步一步的跋涉,不可能登上泰山之顶;没有一点一点波澜的积累,不可能有万顷波涛;没有一"科"一"科"的向前,不可能有大江大河的激流。

所以为人、治学要立志高远,胸襟开阔,但都要从基础做起,都要循序渐进,才能通达,即成章而后达。

由 仁 义 行

原文

孟子曰:"人之所以异于禽兽者几希①,庶②民去之,君子存之。舜明于庶物,察于人伦,由仁义行,非行仁义也。"

——《孟子·离娄下》

注解:① 几希:非常稀少。希,通"稀"。② 庶:众。

今译

孟子说:"人与禽兽不同的地方非常少,百姓丢掉这很少的不同,君子保存了这很少的不同。舜懂得万物的原理,清楚人与人的关系,依据仁义行事,不用外力推行仁义。"

释义

　　人与禽兽只有很少的区别,这很少的区别在哪里呢? 在于人有善心,即仁义之心,而禽兽没有。保存了仁义之心的人就是圣贤,丢弃了仁义之心的人就是普通人,把仁义之心丢得干干净净的人就等同于禽兽了。

三过其门而不入

原文

　　禹、稷当平世①,三过其门而不入,孔子贤之。颜子②当乱世,居于陋巷,一箪食,一瓢饮,人不堪其忧,颜子不改其乐,孔子贤之。孟子曰:"禹、稷、颜回同道。禹思天下有溺者,由己溺之也;稷思天下有饥者,由己饥之也,是以如是其急也。禹、稷、颜子易地则皆然。今有同室之人斗者,救之,虽被发缨冠③而救之,可也;乡邻有斗者,被发缨冠而往救之,则惑也,虽闭户可也。"

——《孟子·离娄下》

　　注解:① 禹、稷当平世:稷,名弃,相传他善于种植各种粮食作物,曾在尧、舜时代担任过农官,教民耕种。平世,太平的世道。下文"三过其门而不入"应当是说禹治水事,与稷无关。② 颜子:颜回。③ 被发缨冠:被,通"披"。缨,帽上的带子,这里指系帽带。古时候戴冠一定先结发,因此披发戴冠是不正常的,但若是解救同室人打斗,这样还是可以理解的。但若乡邻打斗,"被发缨冠而往救之",就不行了。

今译

禹、稷处在太平年代,(为公家做事)三次经过自己家门都不进去,孔子认为他们是贤人。颜回处在乱世,住在狭窄简陋的小巷,一箪饭,一瓢水,别人都不能忍受那种困苦,他却始终怡然自乐,孔子认为他是贤人。孟子说:"禹、稷和颜回身上表现的道是相同的。禹想到天下有遭水灾的人,好像是自己使他们遭水灾一样;稷想到天下有挨饿的人,好像是自己使他们挨饿一样,因此他们治水救灾如此这般的急迫。禹、稷和颜回如果换一下位置,颜回也会为公家做事三次经过自己家门都不进去,禹、稷也会住在狭窄简陋的小巷而自得其乐。就像与自己同屋的人互相打斗,自己去救他,即使是披着头发就戴上帽子去救他都可以。如果邻人打斗,也披着头发就戴上帽子去解救就糊涂了。即使把房门关起来也可以。"

释义

禹、稷和颜回身上表现的道是相同的——这个道就是仁道:达则兼济天下,穷则独善其身。禹、稷处平世,有用武之地,所以兼济天下;颜回处乱世,无用武之地,所以独善其身。

仁道在仁者心中是一样的。所以孟子说,如果禹、稷和颜回互换位置,最终表现也会一样:颜回兼济天下,禹、稷独善其身。"同室之人斗者,救之"之喻是"兼济","乡邻有斗者""闭户"之喻是"独善"。

人之所以求富贵利达者

原文

　　齐人有一妻一妾而处室者,其良人①出,则必餍酒肉而后反②。其妻问所与饮食者,则尽富贵也。其妻告其妾曰:"良人出,则必餍酒肉而后反,问其与饮食者,尽富贵也,而未尝有显者来,吾将瞷③良人之所之也。"

　　蚤④起,施⑤从良人之所之,遍国⑥中无与立谈者。卒之东郭墦⑦间,之祭者,乞其余;不足,又顾而之他。此其为餍足之道也。

　　其妻归,告其妾,曰:"良人者,所仰望而终身也,今若此。"与其妾讪⑧其良人,而相⑨泣于中庭。而良人未之知也,施施⑩从外来,骄其妻妾。

　　由君子观之,则人之所以求富贵利达者,其妻妾不羞也,而不相泣者,几希矣。

　　　　　　　　　　　　　——《孟子·离娄下》

　　注解:① 良人:丈夫。② 餍(yàn)酒肉而后反:餍,满足。反,通"返"。③ 瞷(jiàn):窥视。④ 蚤:通"早"。⑤ 施(yǐ):斜,这里是悄悄的意思。⑥ 国:都城。⑦ 墦:坟。⑧ 讪(shàn):讥笑,这里指讥骂。⑨ 相:相与,一起,共同。⑩ 施施:高兴的样子。

今译

　　齐国有一家人，一妻一妾住在一起，那丈夫每次外出一定酒足饭饱回家。他妻子问他，和他一起吃喝的是什么人，他说都是有钱有势的人。他妻子告诉他的妾说："丈夫外出，一定酒足饭饱回家。我问他，和他一起吃喝的是什么人，他说都是有钱有势的人，但不曾有过显贵人物来过我们家。我将偷偷地看看丈夫去的地方是哪里。"

　　这天一清早起来，妻子悄悄地跟着丈夫到他去的地方，发现走遍城中也没有一个人站住与他说话，最后他走到了东城城墙外的坟地间，到祭扫坟墓的人那里乞讨残酒剩饭，吃不够，又东张西望地到别处去讨。这就是他酒足饭饱的办法。

　　他妻子回到家里，将这事告诉他的妾，说："丈夫是我们仰仗期望一辈子的人，现在他竟然这样。"妻子便和妾一起讥骂丈夫，在院子里一起哭泣。但丈夫还不知道妻子悄悄跟随他的事情，高高兴兴地从外面回来，在妻妾面前一副自得自大的样子。

　　在君子看来，人们用来乞求升官发财的手段，他的妻妾不感到羞耻、不一起为此哭泣的，是很少的。

释义

　　孔子说："不义而富且贵，于我如浮云。"能做到这一点的人是不多的，更多的人为了富贵而不择手段。孟子的这个故事正是对那些表面衣冠楚楚，暗中却以卑鄙下流的手段乞求升官发财者的抨击。

养心莫善于寡欲

原文

孟子曰："养心莫善于寡欲。其为人也寡欲,虽有不存①焉者,寡矣;其为人也多欲,虽有存焉者,寡矣。"

——《孟子·尽心下》

注解:① 存:存其本心。

今译

孟子说:"保养善心没有比减少欲望更好的了。一个人少有欲望,即使有使他的本心丢失的事情,丢失也是少的;一个人有许多欲望,即使做一些能保存本心的事,保存也是少的。"

释义

欲望常使人失去本心,增添烦恼。因此减少欲望,就减少了影响人们脱离本心的外界因素,这是保养善心的重要方法。

确实,人是欲望的动物。如果让欲望恣意横行,人就沦为动物了。也因此,古代智者、哲人都将人的沦落视为欲望之灾。也因此,老庄讲"无欲",孟子讲"寡欲",荀子讲"节欲"。

第三单元

舍生取义

从"养浩然之气"到"舍生而取义",是一种必然。孟子也由此完成了"大丈夫"理想人格的塑造。

"义"在孟子学说中居于核心地位。常言道:"孔曰成仁,孟曰取义。"所指即此。

孟子继承孔子的仁义学说,并使仁义分界更为清晰:以"仁"为内在道德修为的出发点,以"义"为外在行动的准则,仁与义在内与外的修与行中浑然一体。"居仁由义,大人之事备矣。"(《孟子·尽心上》)这句话是这一特征很好的概括。

本单元主要汇集与"取义"相关的孟子言论。

不逾阶而相揖

士之不托诸侯

舍生而取义

修其天爵

饱乎仁义

生于忧患而死于安乐

耻之于人大矣

穷则独善其身

沛然莫之能御也

正己而物正

君子有三乐

尚志

大哉居乎

君子不可虚拘

君子之所以教者

君子引而不发

君子不谓性也

圣而不可知之之谓神

不逾阶而相揖

原文

公行子①有子之丧,右师②往吊。入门,有进而与右师言者,有就右师之位而与右师言者。孟子不与右师言,右师不悦曰:"诸君子皆与驩言,孟子独不与驩言,是简驩也。"

孟子闻之,曰:"礼,朝廷不历③位而相与言,不逾阶而相揖也。我欲行礼,子敖以我为简,不亦异乎?"

——《孟子·离娄下》

注解:① 公行子:齐大夫。② 右师:官名。这里是齐王宠臣王驩,字子敖。③ 历:跨越。

今译

公行子有个儿子死了,右师去吊唁。刚进门,就有走向前与右师说话的人,有走近右师的座席来与他说话的人。孟子没有与右师说话,右师不高兴地说:"各位君子都跟我说话,只有孟子不跟我说话,这是简慢我。"

孟子听到这件事,说:"依礼,在朝堂中不应越过位次来与别人说话,不应越过台阶来向别人作揖。我想遵守礼仪行事,子敖却以为我是简慢他,这不也奇怪吗?"

释义

不趋炎附势者少啊！因为太难啊！你不趋势,有权势者就要怪罪你。这就越发显出孟子的刚毅了,也越发显出坚持自我的独立性是多么可贵了。

士之不托诸侯

原文

万章曰:"士之不托①诸侯,何也?"

孟子曰:"不敢也。诸侯失国,而后托于诸侯,礼也;士之托于诸侯,非礼也。"

万章曰:"君馈之粟,则受之乎?"

曰:"受之。"

"受之何义也?"

曰:"君之于氓②也,固周③之。"

曰:"周之则受,赐之则不受,何也?"

曰:"不敢也。"

曰:"敢问其不敢何也?"

曰:"抱关击柝④者,皆有常职以食于上。无常职而赐于上者,以为不恭也。"

曰:"君馈之,则受之,不识可常继乎?"

曰:"缪公之于子思也,亟⑤问⑥,亟馈鼎肉⑦。子思不悦。于卒⑧也，摽⑨使者出诸大门之外，北面稽首再拜⑩而不受，曰：'今而后知君之犬马畜伋⑪。'盖自是台⑫无馈也。悦贤不能举，又不能养也，可谓悦贤乎？"

曰："敢问国君欲养君子，如何斯可谓养矣？"

曰："以君命将⑬之，再拜稽首而受。其后廪人⑭继粟，庖人⑮继肉，不以君命将之。子思以为鼎肉使己仆仆尔⑯亟拜也，非养君子之道也。尧之于舜也，使其子九男事之，二女女焉，百官、牛羊、仓廪备，以养舜于畎亩⑰之中，后举而加⑱诸上位，故曰王公之尊贤者也。"

——《孟子·万章下》

注解：① 托：依附。② 氓（méng）：从他国逃离而来的人。③ 周：接济。④ 抱关击柝（tuò）：守门、打更，比喻职位卑下。柝，木梆。⑤ 亟（qì）：屡次。⑥ 问：问候。⑦ 鼎肉：熟肉。⑧ 卒：终，完毕。⑨ 摽（biāo）：驱赶。⑩ 稽（qǐ）首再拜：极言礼节之尊重。稽首，叩头。拜，双手交叠置于身前地上，头触手。⑪ 伋（jí）：子思的名字。⑫ 台：被差遣的小官。⑬ 将：送。⑭ 廪人：管仓库的官员。⑮ 庖人：供应国君饮食的官员。⑯ 仆仆尔：烦琐的样子。⑰ 畎（quǎn）亩：田地，田野。畎，田间水沟。⑱ 加：同"居"。

今译

万章向老师请教说："士人不依附诸侯，为什么呢？"

孟子回答说："因为不敢这样。某个诸侯失去自己的国家，然后去依附其他诸侯，这是合于礼仪的；士人依附诸侯，是不合礼仪的。"

万章又问:"国君如送给粮食,接受吗?"

孟子回答说:"接受。"

万章又问:"接受又是什么道理呢?"

孟子回答说:"国君对于外来的人,原本就该接济。"

万章又问:"接济他就接受;赏赐他就不接受,又是什么道理呢?"

孟子回答说:"是不敢接受的缘故。"

万章又问:"大胆请教老师:不敢接受又是为什么呢?"

孟子回答说:"守门、打更的人都有一定的职务而从上级接受给养。没有一定的职务却接受上级的赏赐,被认为是不恭敬的。"

万章又问:"国君送给他东西就接受,不知道是否可以经常这样呢?"

孟子回答说:"鲁缪公对于子思,就是屡次问候,屡次送给他肉食,子思不高兴。在最后一次,子思把缪公的使者赶出大门,自己朝北面磕头作揖后拒绝接受。他说:'现在才知道国君把我当成犬马一样地畜养。'从此缪公便不派人送东西给子思了。喜好贤德的人,却不能重用他,又不能奉养他,可以说是喜好贤德的人吗?"

万章又问:"大胆请问老师:国君要奉养君子,怎样才能说得上奉养呢?"

孟子回答说:"用国君的名义送给他东西,君子磕头作揖表示接受。以后管理仓库的官员不断送来粮食,掌管国君膳食的官员不断送来肉食,就不再以国君的名义送了。子思认为,为了一块肉使自己屡次磕头行礼,这不是奉养君子的做法。尧对待舜,派自己的九个儿子去侍奉他,把自己的两个女儿嫁给他,而且百官、牛羊、粮仓无不具备,在田野里奉养舜,后来任用他并提拔到高位上,所以说这是王公贵族尊敬贤德之人的范例。"

释义

　　士为什么不敢"托诸侯"？因为不合礼。这个礼是什么？是把士当作士看待，是重用士，是奉养士，而不是把士当成犬马一样地畜养。因此，士人应当自重，不为"鼎肉"而"北面稽首再拜"。

舍生而取义

原文

　　孟子曰："鱼，我所欲也；熊掌，亦我所欲也，二者不可得兼，舍鱼而取熊掌者也。生，亦我所欲也；义，亦我所欲也，二者不可得兼，舍生而取义者也。生亦我所欲，所欲有甚于生者，故不为苟得也；死亦我所恶，所恶有甚于死者，故患有所不辟^①也。如使人之所欲莫甚于生，则凡可以得生者，何不用也？使人之所恶莫甚于死者，则凡可以辟患者，何不为也？由是则生而有不用也，由是则可以辟患而有不为也，是故所欲有甚于生者，所恶有甚于死者。非独贤者有是心^②也，人皆有之，贤者能勿丧耳。

　　一箪^③食，一豆^④羹，得之则生，弗得则死，嘑尔^⑤而与之，行道之人弗受；蹴^⑥尔而与之，乞人不屑也。

　　万钟^⑦则不辨礼义而受之。万钟于我何加^⑧焉？为宫室之美、妻妾之奉、所识穷乏者得我与⑨？乡⑩为身死而不受，今为宫室之美为之；乡为身死而不受，今为妻妾之奉为之；乡为身死而不受，今为所识穷乏者得我而为之，是亦不可以已乎？此之谓失其本心。"

——《孟子·告子上》

注解：① 辟：通"避"，躲避。② 心：通"性"。③ 箪（dān）：盛饭的圆竹器，像篓。④ 豆：盛羹汤的器具。⑤ 嘑（hū）尔：呵斥、吆喝的样子。尔，……的样子。⑥ 蹴（cù）：践踏。⑦ 万钟：优厚的俸禄。钟，古代计量器，六石四斗为一钟。⑧ 加：益处，好处。⑨ 穷乏者得我与：得，通"德"，感激。与，通"欤"。⑩ 乡：通"向"，以往。

今译

孟子说："鱼是我所想要的，熊掌也是我所想要的；如果两者不能同时拥有，就舍弃鱼而选取熊掌。生命是我想要的，大义也是我想要的；如果两者不能同时拥有，就舍弃生命而选取大义。生命是我想要的，如果我想要的有比生命更重要的，所以我不会随便去得到它；死亡是我厌恶的，如果我厌恶的有超过死亡的，所以祸害我有不躲避的。如果人们想要的没有超过生命的，那么一切可以求得生存的方法，为什么不去使用呢？如果人们厌恶的没有超过死亡的，那么一切可以避免祸患的方法，为什么不去使用呢？由此可以得到生存的方法却不去用的，由此可以避免祸患却不去做，这是因为想要的有比生命更为重要的，厌恶的也有比死亡更令人厌恶的。不只是贤德的人有这样的本性，每个人都有这样的本性，只不过贤德的人能够不失去它罢了。

一箪饭，一碗汤，得到它就可以活下来，得不到就会死去。

这时,如果呵斥着去给他,即使是路上的行人也不会接受;用脚踏着给他,即使是乞丐也不屑接受。

很厚的俸禄如果不分清是否合礼义就接受,这很厚的俸禄对我有什么好处呢?是为了住宅的华丽、妻妾的侍奉和我认识的贫苦人感激我吗?过去宁肯死了都不接受的,现在却为了住宅的华丽而接受它;过去宁肯死了都不接受的,现今却为了妻妾的侍奉而接受它;过去宁肯死了都不接受的,现今却为了我认识的贫苦人的感激去接受它。这难道不是也应该停止的吗?这就叫做丧失了本性。”

释义

如果一个人丧失了“本心”,就会做出一些不善的事情来,所以当令人憎恶的事情超过死亡时,也不能勇敢地死而选择生,这就叫做苟且偷生。

贤德的人与此相反,能不丧失“本心”,所以在两难选择(生与死的选择)中总能舍生取义,所以能称之为“贤”。

修 其 天 爵

原文

孟子曰:“有天爵者,有人爵者。仁义忠信,乐善不倦,此天爵也;公卿大夫,此人爵也。古之人修其天爵,而人爵从之。今之人修其天爵,以要①人爵;既得人爵,而弃其天爵,则惑之甚者也,终亦必亡^②而已矣。"

——《孟子·告子上》

注解:①要:索取。②亡:失去。

今译

孟子说:"有自然的爵位,有人为的爵位。仁爱正义忠诚守信,乐于行善不感到疲倦,这是自然的爵位;公卿大夫,这是人为的爵位。古代的人修养自然的爵位,于是人为的爵位随之而来了。现在的人修养自然的爵位来索取人为的爵位;已经得到了人为的爵位便放弃自然的爵位,那就糊涂得太厉害了,最终也一定会失去人为的爵位。"

释义

孟子将"仁义忠信,乐善不倦"看作"天爵",并且认为"人爵"随"天爵"而至,只要"人爵"的人终究得不到"人爵"。人应当以"天爵"为追求目标。"天爵"至,"人爵"自然随之而至。

饱乎仁义

原文

孟子曰:"欲贵者,人之同心也。人人有贵于己者,

弗思耳。人之所贵者,非良贵也。赵孟①之所贵,赵孟能
贱之。《诗》云②:'既醉以酒,既饱以德。'言饱乎仁义也,
所以不愿③人之膏粱④之味也;令⑤闻广誉施于身,所以
不愿人之文绣⑥也。"

——《孟子·告子上》

注解:①赵孟:春秋时晋国执政大臣赵盾,字孟。
②《诗》云:诗句见《诗·大雅·既醉》。这是一首赞颂世道太
平的诗歌。③愿:羡慕,仰慕。④膏粱:膏,肥肉。粱,细米。
膏粱指珍馐美味。⑤令:美好。⑥文绣:华美的衣服。古代
衣服有等第,必须有爵位的人才能穿着文绣服。

今译

孟子说:"希望尊贵,这是人们的共同心理。人人身上都有
尊贵的东西,只是不去想它罢了。别人尊贵的东西,不是真正值
得尊贵的。赵孟尊贵的东西,赵孟同样可以使它下贱。《诗》说:
'既喝醉了美酒,又饱受了恩惠。'这就是说,饱享了仁义,也就不
羡慕别人的肉食美味了;美好的名声和广泛的声誉施加在我身
上,也就不羡慕别人的华美衣裳了。"

释义

一个人若"饱乎仁义",就不甘他味了;若"令闻广誉施于
身",就不会向往"文绣"了。一个有高尚精神享受的人,就不会
再去在乎口体之奉了。

孟子在鼓励精神的超越性。

生于忧患而死于安乐

原文

孟子曰："舜发于畎亩①之中，傅说②举于版筑之间，胶鬲③举于鱼盐之中，管夷吾④举于士，孙叔敖⑤举于海，百里奚⑥举于市。故天将降大任于是人也，必先苦其心志，劳其筋骨，饿其体肤，空乏⑦其身，行拂乱⑧其所为，所以动心忍性⑨，曾⑩益其所不能。人恒⑪过，然后能改；困于心，衡⑫于虑，而后作⑬；征⑭于色，发于声，而后喻。入则无法家拂⑮士，出则无敌国外患者，国恒亡。然后知生于忧患而死于安乐也。"

————《孟子·告子下》

注解：① 畎（quǎn）亩：田间，田野。畎，田间水沟。② 傅说：商王武丁的大臣，相传他原是在傅岩从事版筑的工匠。版筑，即筑墙。③ 胶鬲（gé）：商纣的臣子。④ 管夷吾：即管仲。⑤ 孙叔敖：楚国令尹，宰相。⑥ 百里奚：秦穆公时贤臣，著名的政治家。⑦ 空乏：使……贫穷、困苦。空，穷。乏，绝。⑧ 拂乱：使……颠倒错乱。拂，违背。⑨ 动心忍性：动，使……震撼。忍，使……坚韧。⑩ 曾：通"增"，增加。⑪ 恒：常常。⑫ 衡：通"横"，阻塞，不顺。⑬ 作：奋起，指有所作为。⑭ 征：表现。⑮ 拂（bì）：通"弼"，辅弼。

今译

孟子说:"舜是从田野中被任用的,傅说是从筑墙的工作中被提拔出来的,胶鬲是从鱼盐贩子中被选拔出来的,管夷吾是从狱官那里被提拔出来的,孙叔敖是从隐居的海边被请到朝廷中的,百里奚是从交易场所被提拔起来的。所以上天将要把重任降临在这个人身上,一定要先使他的心志遭受苦难,使他的筋骨遭受劳苦,使他的身体遭受饥饿,使他深陷贫困,使他一有行动就受到阻挠干扰,用这些来使他的心灵受到震撼,使他的性格坚韧起来,增长他原来所不具备的才能。人们常常有了过错才去改正,内心困苦、思虑阻塞才能奋发;表现在脸色上,流露在言语中,才能被人了解。一个国家如果国内没有懂得守法度的大臣和足以辅佐君王的贤士,国外没有敌对国家和外国侵略的危险,这样的国家往往会走向灭亡。这样就知道忧患使人生存发展,安逸享乐使人萎靡死亡的道理。"

释义

历史上许多著名人物大多有过一段在艰难困苦中奋斗的经历,并从中吸取教训,为日后成就大事奠定了基础。这就是"生于忧患"。

为什么有"生于忧患"之理?因为"忧患"常常能激发人的斗志,激发人的潜能,激发人的生命信念。人如此,国家亦如此。

耻之于人大矣

原文

孟子曰："耻之于人大矣。为机变①之巧者，无所用耻焉。不耻不若人，何若人有②？"

——《孟子·尽心上》

注解：① 机变：机谋，权诈。② 何若人有：即"有何若人"，有什么地方赶得上他人呢？

今译

孟子说："羞耻对于人关系重大。玩弄机谋巧诈的人没有地方用得着羞耻。不以不如别人为羞耻，有什么地方能赶上他人呢？"

释义

羞耻之心重要在哪里？有了羞耻之心，一个人就不会玩弄权诈之术，就会明白自己该坚守的道德原则，也会明白自己的不足之处。因而，是否有羞耻心，也是检测一个人道德水准高下的尺度。

穷则独善其身

原文

孟子谓宋句践①曰："子好游②乎？吾语子游。人知之，亦嚣嚣③；人不知，亦嚣嚣。"

曰："何如斯可以嚣嚣矣？"

曰："尊德乐义，则可以嚣嚣矣。故士穷不失义，达不离道。穷不失义，故士得己④焉；达不离道，故民不失望焉。古之人，得志，泽加于民；不得志，修身见⑤于世。穷⑥则独善其身，达则兼善天下。"

——《孟子·尽心上》

注解：① 宋句践：人名，姓宋，名句践，生平不详。② 游：游说。③ 嚣嚣：通"闲闲"，安详自得的样子。④ 得己：自得。⑤ 见：通"现"。⑥ 穷：不得志，处在困窘中。

今译

孟子对宋句践说："你喜欢游说吗？我告诉你游说的态度。别人理解时安详自得，别人不理解时也安详自得。"

宋句践问："怎样才能安详自得呢？"

孟子回答说："崇尚德，喜爱义，就可以安详自得了。所以，士人处在困窘中不会失掉义，处在显达时不会离开道。处在困窘中不失掉义，所以士人自得其乐；处在显达时不离开道，所以百姓不失望。古代的人,能够实现志向时给百姓施加恩惠;不能够实现志向时修养自身,并显现在世上。困窘时使自己完善,显达时同时使天下人都完善。"

释义

士人应尊德尚义,无论穷达都不能离开道与义。穷时行道义以完善自我,达时行道义以兼济天下。

沛然莫之能御也

原文

孟子曰:"舜之居深山之中,与木石居,与鹿豕游①,其所以异于深山之野人者几希②;及其闻一善言,见一善行,若决江河,沛然③莫之能御也。"

——《孟子·尽心上》

注解:① 游:交往。② 几希:极少。希,通"稀"。③ 沛然:盛大的样子。

今译

孟子说:"舜住在深山的时候,与树和石相伴,与鹿和猪来往,他跟深山中居住的人不同的地方极少;但等他听了一句善言,见了一种善行,就像决了口的江河一般,浩浩荡荡,没有谁能阻挡得住他去学习。"

释义

舜之所以成为舜,是因为他具有虚心行善的圣人品质。一个人无论处在什么样的环境中,如果能闻善言、见善行就去照着做,那么离圣人也就不远了。

正己而物正

原文

孟子曰:"有事君人者,事是君则为容悦者也;有安社稷臣者,以安社稷为悦者也;有天民①者,达可行于天下而后行之者也;有大人②者,正己而物正者也。"

——《孟子·尽心上》

注解:① 天民:指贤者,他们知天晓民,所以称"天民"。
② 大人:此处指圣人。

今译

孟子说:"有侍奉君主的人,侍奉这个君主,是把用容色来讨得君主的欢心作为高兴的事;有安定国家的大臣,把安定国家作为高兴的事;有贤德的人,是知道自己的仁德理想能在天下实现后去勉力实行的人;有圣人,那是端正了自己而外物随之端正的人。"

释义

"事人君者""安社稷者""天民""大人",是四种典型人物,他们的人格逐级提升。孟子这样依次排列着,让人们看到,"事人君"是应当鄙弃的,"安社稷"也不值得夸耀,只有以仁德理想播撒天下,甚至"正己而物正",才是圣贤之人。

君子有三乐

原文

孟子曰:"君子有三乐,而王天下不与存焉。父母俱存,兄弟无故①,一乐也;仰不愧于天,俯不怍②于人,二乐也;得天下英才而教育之,三乐也。君子有三乐,而王天下不与存焉。"

——《孟子·尽心上》

注解:① 故:灾难病患。② 怍(zuò):惭愧。

今译

孟子说:"君子有三种快乐,但是称王天下不在其中。父母都健在,兄弟没有灾祸,是第一快乐;抬头对天无愧,低头对人无愧,是第二快乐;得到天下杰出人才来教育他们,是第三快乐。君子有三种快乐,但称王天下不在其中。"

释义

君子之乐乐在孝悌,这是亲情伦理之乐;乐在对天对地对人皆无愧于心,这是完善人格的修养之乐;乐在播撒善的种子,自己理想的事业后继有人,这是教育英才之乐。

尚　志

原文

王子垫①问曰:"士何事?"

孟子曰:"尚志。"

曰:"何谓尚志?"

曰:"仁义而已矣。杀一无罪,非仁也;非其有而取之,非义也。居恶在? 仁是也;路恶在? 义是也。居仁由义,大人②之事备矣。"

——《孟子·尽心上》

注解:① 王子垫:齐王的儿子,名垫。② 大人:指一般意义上的君子,也就是士人。

今译

王子垫向孟子请教说："士做什么事?"

孟子回答说："士应使自己的志行高尚。"

王子垫又问："什么叫使自己的志行高尚呢?"

孟子回答说："不过是行仁和义罢了。杀一个无罪的人是不仁,不是自己拥有的却去夺取是不义。住所在哪里呢? 在仁里面;道路在哪里呢? 在义那里。居处在仁中,行走在义上,士的事业就完备了。"

释义

"居仁由义"就是"尚志"之方。

大 哉 居 乎

原文

孟子自范①之齐,望见齐王之子,喟然②叹曰:"居移气,养移体,大哉居乎! 夫非尽人③之子与④?"

孟子曰:"王子宫室、车马、衣服多与人同,而王子若彼者,其居使之然也;况居天下之广居⑤者乎? 鲁君之宋,呼于垤泽之门⑥。守者曰:'此非吾君也,何其声之似我君也?'此无他,居相似也。"

——《孟子·尽心上》

注解：① 范：地名，故城在今山东范县东南二十里，是魏国与齐国之间的要道。② 喟（kuì）然：形容叹气的样子。③ 尽人：人人，所有的人。这里指人。④ 与（yú）：同"欤"，语气词。⑤ 广居：孟子常以此词指仁。⑥ 垤（dié）泽之门：宋国城门。

今译

孟子从范邑到齐都，远远地望见了齐王的儿子，长叹地说："生活环境改变人的气度，奉养改变人的体质，生活环境重要呀！他难道不也是人的儿子吗？"

孟子又说："王子的住所、车马和衣服基本上与别人相同，而王子像那个样子，是他居住的环境使他那样的；何况那居住在天下最大的住宅仁里面的人呢？鲁君到宋国去，在宋国的城门下呼喊，守门的人说：'这不是我的君主，为什么他的声音同我们君主这样相像呢？'这没有别的缘故，只因为生活环境相像罢了。"

释义

生活环境对人的培养起着非常重要的作用。孟子用"居"字表现环境真的是生动形象，用"广居"来指代"仁"更是一种睿智。当一个人能把仁作为居所，用它来涵养自己的心志、气质，如何不仁呢？

君子不可虚拘

原文

孟子曰："食①而弗爱,豕交②之也;爱而不敬,兽畜③之也。恭敬者,币之未将④者也。恭敬而无实,君子不可虚拘⑤。"

——《孟子·尽心上》

注解：① 食：使……食，奉养。② 豕（shǐ）交：像养猪一样对待。豕，猪。交，对待。③ 畜（xù）：饲养。④ 币之未将：币，礼物。将，送。⑤ 虚拘：以虚假的礼仪笼络人。

今译

孟子说："只是养活而不爱，那就把奉养他当养猪一样对待；只是爱而不恭敬，那就是像饲养禽兽一样奉养他。恭敬心是在送出礼物之前有了的。只是表面恭敬却没有真心实意，君子不可以被这种虚假的礼仪笼络住。"

释义

养→爱→敬→实，这几个层次如果不能依次落实，就不是真心实意地尊重人。当时一些诸侯表面给士人优厚的待遇，实际上却不采纳他们的主张，这就不是真正地尊重士人。

后人在读本章时，还会想到子女奉养父母，想到父母培养子女,都存在类似问题。只有被养者的心志得到尊重,才算是真正的尊重。这也就是孟子所说的"养志"。

君子之所以教者

原文

孟子曰:"君子之所以教者五:有如时雨化之者,有成德者,有达财①者,有答问者,有私淑艾②者。此五者,君子之所以教也。"

——《孟子·尽心上》

注解:① 财:通"材"。② 私淑艾(yì):淑,通"叔",拾取。艾,通"刈",取。淑、艾同义,所以"私淑艾"又叫"私淑",意为私下拾取,指学习者不是某人的学生,而是学习者因仰慕而私下以某人为师。

今译

孟子说:"君子用来教育人的方式有五种:有像及时雨一样化育人的,有成全人的品德的,有使人才能通达的,有为人解答疑问的,有被人私下仰慕学习的。这五种,就是君子用来教育人的方式。"

释义

感化,尊德,重才,解惑,(被)私淑,既可以看作育人的几种方式,也可以看作育人的几个侧面。它们可以分别用于不同的人,也可以用于一人。能灵活运用这"五者",君子之教也。

君子引而不发

原文

公孙丑曰:"道则高矣,美矣,宜若登天然,似不可及也;何不使彼为可几及而日孳孳①也?"

孟子曰:"大匠不为拙工改废绳墨②,羿不为拙射变其彀率③。君子引而不发④,跃如⑤也。中道而立,能者从之。"

——《孟子·尽心上》

注解:①几及而日孳孳:几及,达到。孳孳,勤勉的样子。②绳墨:木工画直线用的工具,这里用来比喻规矩、准则。③彀(gòu)率:拉开弓的标准。④引而不发:拉满了弓弦而不发箭,比喻善于引导、启发,让学习者自己体会。⑤跃如:跃跃欲试的样子。如,……的样子。

今译

公孙丑说:"道是多么崇高,多么美好啊,但正像登天一般,似乎不可达到;为什么不使它变得可以企及,从而让人每天勤勉地去努力呢?"

孟子说:"高明的设计师不因为拙劣的工人改变或者废弃规矩,羿不因为拙劣的射手而变更拉开弓的标准。君子育人就像高明的射手教射箭,拉满弓却不发出箭,做出跃跃欲试的样子。他在道路中央站住,有能力的就跟随。"

释义

孟子在这里讲了两个重要的教育原则:一是不改绳墨,不变彀率;一是引而不发。

人们读本章多数只注意后者。后者当然是重要的,它是启发式教育的一种重要方法,对激发学生兴趣、引导学生发挥主观能动性具有重要意义。但前者也同样值得重视,它不是指向教育方法,而是指向教育内容,或者说是教育理想。教育不能降低教育标准,不能降格以迎合受教育者,而应当坚持高远的理想,以提升受教育者的境界。

君子不谓性也

原文

孟子曰:"口之于味也,目之于色也,耳之于声也,鼻之于臭①也,四肢之于安佚②也,性也,有命焉,君子不谓性也。仁之于父子也,义之于君臣也,礼之于宾主也,智之于贤者也,圣人之于天道也,命也,有性焉,君子不谓命也。"

——《孟子·尽心下》

注解:① 臭:通"嗅",气味。② 安佚:安乐舒适。

今译

孟子说:"口喜欢美味,眼喜欢美色,耳喜欢美声,鼻喜欢香气,四肢喜欢舒适,都是人的天性,但若要拥有这些却有命运的安排,所以君子不认为它们只是天性。仁表现在父子身上,义表现在君臣身上,礼表现在宾主身上,智慧表现在贤者身上,圣人掌握天道,都是命运,但也是天性,所以君子不认为它们只是命。"

释义

孟子认为,人们竭力追求感官感受的舒适,这是天性,但更决定于命运。而仁、义、礼、智和道,能否实现虽有命运的因素,但更是天性,是人的本性所具有的,所以君子都是发挥天性来追求大道与善行。

孟子在这里是将人的生理欲望和精神追求对比着说的,他承认两者都是人性,都是命运。但他强调前者的命运性,强调后者的本性。为什么?他还是在鼓励人们保护本性,成为善者、圣者,而不是成为欲望的追逐者。

圣而不可知之之谓神

原文

浩生不害①问曰:"乐正子②何人也?"

孟子曰:"善人也,信人也。"

"何谓善? 何谓信?"

曰:"可欲之谓善,有诸己之谓信,充实之谓美,充实而有光辉之谓大,大而化之③之谓圣,圣而不可知之之谓神。乐正子,二之中、四之下也。"

——《孟子·尽心下》

注解:① 浩生不害:姓浩生,名不害,齐国人。② 乐正子:名克,孟子的学生。③ 大而化之:集善、信、美、大于一身,并化育万物。化,感化,化育。

今译

浩生不害向孟子请教:"乐正子是怎样的人?"

孟子回答说:"他是善人,讲信用的人。"

浩生不害又问:"什么叫善? 怎么叫讲信用?"

孟子回答说:"满足追求叫做善,善存在自己身上叫做信,善充盈实在叫做美,善充盈实在并且闪耀光彩叫做大,集善、信、美、大于一身并化育万物叫做圣,圣到了神妙不可测度的境界便叫做神。乐正子是处在善信之中、美大圣神之下的人。"

释义

　　孟子将人生的美好境界分为六个依次上升的层次：善、信、美、大、圣、神。前四个层次为个人道德人格的完善之美，后两个层次是在个体人格完善之美基础上更高级的美——美化他人、美化社会。

　　孟子在这里为人的修养提出了六个阶段性目标，可依次而行，拾级而上。他当然希望更多的人进入"圣""神"之境，但要想抵达却何其难哉！他的著名弟子乐正子也只处在最初的两阶而已。

第四单元
以仁义说王

　　孟子将以"仁义"为核心的修为思想扩充到安邦、治国、平天下之上，就形成了著名的"仁政"学说，也即所谓"内圣外王"。

　　本单元汇集了孟子这方面的言论。从中可以读出孟子学说"兼善天下"的热切情怀与担当精神。

老吾老以及人之老

何必曰利

以仁义说王

养生丧死无憾

爱惜民力

仁者无敌

与民同乐

得道多助

不得罪于巨室

师文王

君子之爱

老吾老以及人之老

原文

曰:"挟太山以超北海①,语人曰'我不能',是诚不能也;为长者折枝②,语人曰'我不能',是不为也,非不能也。故王之不王,非挟太山以超北海之类也;王之不王,是折枝之类也。老吾老③以及人之老,幼吾幼以及人之幼,天下可运于掌。《诗》云④:'刑于寡妻⑤,至于兄弟,以御于家邦⑥。'言举斯心加诸彼而已。故推恩足以保四海,不推恩无以保妻子。古之人所以大过人者无他焉,善推其所为而已矣。"

——《孟子·梁惠王上》

注解:① 挟太山以超北海:太,通"泰"。太山,泰山。北海,齐国北面邻海,此泛指齐国北面边境的大海。② 折枝:屈仰肢体,即向长者行礼。枝,通"肢"。③ 老吾老:前一个"老"作动词用,"尊重"。下文"幼吾幼"用法相同,前一个"幼"字作动词用,理解为"爱护"。④《诗》云:此处诗句引自《诗·大雅·思齐》。⑤ 刑于寡妻:刑,通"型",规范,教诲。寡妻,国君的正妻,称"寡妻",就像国君自称"寡人",是谦虚的说法。⑥ 家邦:犹国家,即家与国。

今译

孟子说："如果要你挟着泰山跨越北海,你告诉别人说'我无法做到',这确实是无法做到;如果是向年长的人弯腰敬礼,你告诉别人说'我无法做到',这是不肯做,不是没有能力。所以,大王没能在天下称王,不是挟着泰山跨越北海这一类的事;大王没能在天下称王,这是不肯向年长的人敬礼一类的事。尊重自己的长辈并将这种敬重之心推及到他人的长辈身上,爱护自己的晚辈并将这种爱护之心推及到他人的晚辈身上,这样天下就能运转于自己的手掌之上了。《诗》说:'做自己妻子的楷模,遍及族内兄弟,以此统率全国。'说的就是将这种尊重自己的长辈、爱护自己的晚辈的仁爱心施加到别人身上而已。因此,推广恩惠足以保有天下,不推广恩惠连妻儿都无法守护。古代圣贤之所以胜过一般人,没有其他的原因,不过是善于推己及人而已。"

释义

把爱己之心推及他人,"天下可运于掌"。为什么?因为爱满天下。这是孟子"仁政"思想的内核。孟子这一思想,发展到《大学》中就是修身、齐家、治国、平天下。

何必曰利

原文

孟子见梁惠王①。王曰:"叟②不远千里而来,亦将有以利吾国乎?"

孟子对曰:"王何必曰利?亦有仁义而已矣。王曰:'何以利吾国?'大夫曰:'何以利吾家?'士庶人曰:'何以利吾身?'上下交征③利而国危矣。万乘之国,弑④其君者,必千乘之家;千乘之国⑤,弑其君者,必百乘之家⑥。万取千焉,千取百焉,不为不多矣。苟为后义而先利,不夺不餍⑦。未有仁而遗其亲者也,未有义而后其君者也。王亦曰仁义而已矣,何必曰利?"

——《孟子·梁惠王上》

注解:① 梁惠王:即魏惠王,名罃,惠是他的谥号,约公元前 370 年即位。公元前 362 年,魏国由安邑迁都大梁,魏又称梁,所以魏惠王又叫梁惠王。② 叟:老人。③ 征:取。④ 弑:古时候下杀上、卑杀尊叫弑。⑤ 千乘(shèng)之国:乘,古代的兵车一辆叫一乘,四马一车。古代的国家以兵车的多少来衡量国家的大小,刘向《战国策·序》说战国晚世"万乘之国七,千乘之国五"。韩、赵、魏(梁)、燕、齐、楚、秦七国为万乘,宋、卫、中山以及东周、西周则为千乘。⑥ 百乘之家:古代的执政大夫有一定的封邑,这封邑又叫采地,拥有这种封邑的大夫叫家。有封邑当然也有兵车。公卿的封邑大,可拥有兵车千乘;大夫的封邑小,可拥有兵车百乘。⑦ 餍(yàn):满足。

今译

孟子拜见梁惠王。惠王说:"老先生,您不辞千里前来,有什么(高见)使我的国家获得利益吗?"

孟子回答说:"大王为什么一定要说利益?只是讲仁义罢

了。假若大王说：'怎样才对我的国家有利？'大夫说：'怎样才对我的封地有利？'一般士子以至老百姓都说：'怎样才对我本人有利？'这样，上上下下互相追逐私利，国家便会危险了。在拥有一万辆兵车的国家里，杀掉那国君的，一定是拥有一千辆兵车的大夫；在拥有一千辆兵车的国家里，杀掉那国君的，一定是拥有一百辆兵车的大夫。一万中拥有一千，一千中拥有一百，不能算不多了。假若轻义重利，不夺取全部是永远不会满足的。没有讲仁的人却遗弃父母的，也没有讲义的人却对君主怠慢的。大王也只讲仁义就行了，为什么一定要讲利益呢？"

释义

孟子认为，导致战国时期天下纷争、战乱频仍的根源在于一个"利"字。因此，当梁惠王请教他时，他便有针对性地提出了施行仁义的主张。一个国家要安定，要强大，就要防止"上下交征利"。而要防止"上下交征利"，国王就应施行仁义而不言利。

以仁义说王

原文

宋牼①将之楚，孟子遇于石丘②，曰："先生将何之？"
曰："吾闻秦楚构兵③，我将见楚王说④而罢之。楚王不悦,我将见秦王说而罢之。二王我将有所遇⑤焉。"

日:"轲也请无问其详,愿闻其指⑥。说之将何如?"

日:"我将言其不利也。"

日:"先生之志则大⑦矣,先生之号⑧则不可。先生以利说秦楚之王,秦楚之王悦于利,以罢三军之师,是三军之士乐罢而悦于利也。为人臣者怀利以事其君,为人子者怀利以事其父,为人弟者怀利以事其兄,是君臣、父子、兄弟终去仁义,怀利以相接,然而不亡者,未之有也。先生以仁义说秦楚之王,秦楚之王悦于仁义,而罢三军之师,是三军之士乐罢而悦于仁义也。为人臣者怀仁义以事其君,为人子者怀仁义以事其父,为人弟者怀仁义以事其兄,是君臣、父子、兄弟去利,怀仁义以相接也,然而不王者,未之有也。何必日利?"

——《孟子·告子下》

注解:① 宋轻(kēng):战国时宋国著名学者,反对战争,主张和平。② 石丘:地名,其址不详。③ 构兵:交战。④ 说(shuì):劝说。⑤ 遇:合,投合,契合。⑥ 指:同"旨",大概,大意。⑦ 大:善,好。⑧ 号:提法。

今译

宋轻将到楚国去,孟子在石丘碰到了他,孟子问:"先生准备往哪里去?"

宋轻回答说:"我听说秦楚两国交战,我打算去拜见楚王,劝说他,让他罢兵。如果楚王不听,我将去拜见秦王,劝说他,让他罢兵。在两个国王中,将会有与我的主张契合的人。"

孟子说:"请原谅我不会问得太详细,只想知道您的大意,您将怎样去劝说呢?"

宋轻答道:"我打算说交战的不利。"

孟子说:"先生的志向是很好的,先生的提法却不行。先生用利来劝说秦王、楚王,秦王、楚王因为有利而高兴,于是停止交战,这就将使官兵们很高兴罢兵去喜欢利。做人臣怀抱利的观念来侍奉君主,做儿子的怀抱利的观念来侍奉父母,做弟弟的怀抱利的观念来侍奉兄长,这就会使君臣、父子、兄弟完全离开仁义,怀抱利的观念来互相对待,像这样国家不灭亡,是没有的事情。假如先生用仁义来劝说秦王、楚王,秦王、楚王因仁义而高兴,于是停止交战,这就会使官兵很高兴罢兵去喜欢仁义。做人臣的怀抱仁义来侍奉君主,做儿子的怀抱仁义来侍奉父母,做弟弟的怀抱仁义来侍奉兄长,这就会使君臣、父子、兄弟离开利的观念,怀抱仁义来互相对待,像这样不能称王天下的,也是没有的事。为什么一定要说利呢?"

释义

孟子肯定了宋轻的志向,却否定了他的具体做法,因为规劝国君怀抱"利"的观点来罢兵,是急功近利的。这和孟子见梁惠王时所说的内容是一致的。那一次是谈治国,这一次是谈如何避免战争,维护和平。在孟子看来,一个国君如果能够以"仁义"思想来指导自己的行动,不管治国还是作战,何愁不能获得"利"呢?

孟子希望那些向君主进言者能够"以仁义说王",进一步坚定他们施行仁政的想法。

养生丧死无憾

原文

梁惠王曰:"寡人之于国也,尽心焉耳矣。河内凶①,则移其民于河东,移其粟于河内。河东凶亦然。察邻国之政,无如寡人之用心者。邻国之民不加少②,寡人之民不加多,何也?"

孟子对曰:"王好战,请以战喻。填然鼓之,兵刃既接,弃甲曳兵而走③,或百步而后止,或五十步而后止。以五十步笑百步,则何如?"

曰:"不可;直④不百步耳,是亦走也。"

曰:"王如知此,则无望民之多于邻国也。不违农时,谷不可胜⑤食也;数罟不入洿池⑥,鱼鳖不可胜食也;斧斤以时入山林,材木不可胜用也。谷与鱼鳖不可胜食,材木不可胜用,是使民养生丧死无憾⑦也。养生丧死无憾,王道之始也。

"五亩之宅,树之以桑,五十者可以衣帛矣。鸡豚狗彘之畜,无失其时,七十者可以食肉矣。百亩之田,勿夺其时,数口之家可以无饥矣。谨庠序⑧之教,申之以孝悌之义,颁白⑨者不负戴于道路矣。七十者衣帛食肉,黎民不饥不寒,然而不王者,未之有也。

"狗彘食人食而不知检,涂有饿莩⑩而不知发;人死,则曰：'非我也，岁也。'是何异于刺人而杀之，曰：'非我也，兵也。'王无罪岁，斯天下之民至焉。"

——《孟子·梁惠王上》

注解：① 河内凶：河内，梁国境内黄河北岸土地，今河南济源一带。后文的"河东"，指黄河东面梁国境内的土地，今山西南部安邑一带。凶，荒年。② 加少：就是减少的意思。③ 走：逃跑。④ 直：只是，不过。⑤ 胜：尽。⑥ 数（shuò）罟（gǔ）不入洿（wū）池：数，细，密。罟，渔网。洿，大，深。⑦ 憾：缺憾。⑧ 庠序：古代的地方学校。⑨ 颁白：须发半白，也写作"斑白"。⑩ 莩（piǎo）：饿死的人。

今译

梁惠王对孟子说："我对于国家，真是费尽心力了。河内地方如果遭了饥荒，我便把那里的一部分百姓迁移到河东，同时还把河东的一部分粮食运到河内。假如河东遭了饥荒也是这样办的。我曾经考察过邻国的政治，没有一个国家能像我这样替百姓打算的。可是，那些国家的百姓并不因此减少，我的百姓并不因此增多，这是什么缘故呢？"

孟子回答说："大王喜欢战争，那就请让我用战争来打个比方吧。战鼓咚咚一响，枪尖刀锋一接触，就抛下盔甲拖着兵器向后逃跑。有的跑了一百步停住脚，有的跑了五十步停住脚。因为自己只逃跑五十步就来耻笑逃跑一百步的人，行不行？"

王说："不行。只不过他没有逃跑到一百步罢了，但这也是逃跑呀。"

孟子说："大王如果懂得这个道理，那就不要再希望你的百姓比邻国多了。如果不违背农时，妨碍生产，那粮食便会吃不尽了。如果细密的渔网不到大的池沼里去捕鱼,那鱼类也会吃不完了。如果砍伐树木按一定的时间,木材也会用不尽了。粮食和鱼类吃不完,木材用不尽,这样便使百姓对生养死葬没有什么缺憾。百姓对于生养死葬都没有什么缺憾,就是王道的开端。

"在五亩大的宅园中,种植桑树,那么,五十岁以上的人都可以穿上丝棉袄了。鸡、狗与猪等家畜不耽误饲养,那么,七十岁以上的人都可以有肉吃了。百亩的耕地,不要去妨碍农作物耕种的时间,那么,几口人的家庭可以吃得饱饱的了。认真办学校,反复地用孝顺父母敬爱兄长的大道理训导学生,那么,须发花白的人也就不会背负着、头顶着重物在路上行走了。七十岁以上的人有丝棉衣穿,有肉吃,一般百姓饿不着,冻不着,这样还不能使天下归服,是从来不曾有过的事。

"现在富贵人家的猪狗吃掉了百姓的粮食,却不加以检查和制止。道路上有饿死的人,却不曾想到应该打开粮仓来救济。老百姓死了,竟然说道:'这不是我的罪过,而是年成不好的缘故。'这种说法和拿着刀子杀死了人,却说:'这不是我杀的,而是兵器杀的。'又有什么不同呢?大王假若不怪罪年成,这样,天下百姓就都会来投奔了。"

释义

怎样才算施行仁政?孟子给出了具体的建议:在老百姓从事生产的时候,不要去妨碍他们。只有百姓富足、安定、知晓礼节,年老的人得到物质和精神上的双重善待,才能算是王道的开始。

爱惜民力

原文

孟子曰:"有布缕之征,粟米之征,力役之征。君子用其一,缓其二。用其二而民有殍,用其三而父子离。"

——《孟子·尽心下》

今译

孟子说:"有征收布帛的赋税,有征收谷米的赋税,还有征发人力的赋税。君子在三者之中,用这一种,那两种便暂时不用。如果同时用两种,百姓便会有饿死的;如果同时用三种,那父亲便顾不得儿子,儿子也顾不得父亲了。"

释义

民力是有限的,如果肆无忌惮地索取,一方面会导致人民生活的困苦,另外一方面也会危及君王的统治,因此必须要爱惜民力,实行仁政。

仁者无敌

原文

梁惠王曰:"晋国,天下莫强焉①,叟之所知也。及寡人之身,东败于齐,长子死焉②;西丧地于秦七百里③;南辱于楚④。寡人耻之,愿比死者一洒之⑤,如之何则可?"

孟子对曰:"地方百里而可以王。王如施仁政于民,省刑罚,薄税敛,深耕易耨⑥;壮者以暇日修其孝悌忠信,入以事其父兄,出以事其长上,可使制梃⑦以挞秦楚之坚甲利兵矣。

"彼夺其民时,使不得耕耨以养其父母。父母冻饿,兄弟妻子离散。彼陷溺其民,王往而征之,夫谁与王敌?故曰:'仁者无敌。'王请勿疑!"

——《孟子·梁惠王上》

注解:① 晋国,天下莫强焉:这里的"晋国"就是"魏国"。焉:兼词,于是。"莫强焉"指"没有国家比它(魏)再强些"。② 东败于齐,长子死焉:指魏韩马陵(今河南濮阳市附近)之役。魏伐韩,韩向齐求救,齐派田忌为大将、孙膑为军师伐魏救韩。惠王派庞涓和太子申为将来抵御。两军相持于马陵,魏国大败,庞涓自杀,太子申被俘。自此,魏国一蹶不振。③ 西丧地于秦七百里:马陵之战后,魏国遭到齐、秦、赵三国的围攻,魏国在向秦国反攻时被商鞅统领的秦军打得大败,后来又多次败于秦国。魏国被迫割地求和,献出河西之地和上郡的十五个县城。④ 南辱于楚:据《战国策·韩策》和《史记·楚世家》的记载,梁惠王后元十二年(前 323 年),楚国为了迫使魏国倒向它,插手魏国的王位继承事宜,派柱国大将军昭阳在襄陵打败魏军,夺取了魏国的八座城邑。⑤ 愿比死者一洒之:比,替,给。一,都。洒,洗,这里有"雪耻"的意思。⑥ 深耕易耨(nòu):深耕细作,及时除草。耨,除草。⑦ 制梃:制,通"掣",拿。梃,木棒。

今译

梁惠王说:"魏国的强大,当时天下是没有别的国家能够赶得上的,这您是知道的。到了我这一代,在东面被齐国打败,长子阵亡;在西面丧失了七百里疆土,割让给了秦国;在南面被楚国羞辱。我感到这是耻辱,愿意替死者来洗刷所有的冤仇,怎样做可以办到呢?"

孟子答道:"拥有方圆百里的土地就能称王天下。大王如能对民众施行仁政,减免刑罚,减轻赋税,让百姓深耕土壤、清除杂草;青壮年在空闲时修习孝悌忠信的道理;在家用孝悌忠信来侍奉父兄,出外用孝悌忠信来侍奉尊长,就能使他们拿着木棒来打击秦、楚的坚甲利兵了。

"那些国家侵夺民众的农时,使他们不能耕种农田来养活自己的父母,父母挨冻受饿,兄弟、妻儿离散。那些国家使他们的百姓陷在痛苦的深渊中,您去讨伐,哪有谁来和您抵抗呢? 所以老话曾经说过:'仁德的人是天下无敌的。'大王请不要怀疑了吧!"

释义

减轻人民的负担,使百姓可以安居乐业,自然天下归心。如果别的国家不施行仁政,他们的人民就会向往别国安居乐业的美好生活。不管是守卫自己的国家，还是讨伐不义的国家，有仁德的人都能获得天下百姓的支持，所以他是无敌的。

与 民 同 乐

原文

庄暴见孟子，曰："暴见于王①，王语暴以好乐，暴未有以对也。"曰："好乐何如？"

孟子曰："王之好乐甚，则齐国其庶几②乎！"

他日见于王，曰："王尝语庄子以好乐，有诸？"

王变乎色，曰："寡人非能好先王之乐也，直好世俗之乐耳。"

曰："王之好乐甚，则齐其庶几乎！今之乐犹古之乐也。"

曰："可得闻与？"

曰："独乐乐，与人乐乐，孰乐？"

曰："不若与人。"

曰："与少乐乐，与众乐乐，孰乐？"

曰："不若与众。"

"臣请为王言乐。今王鼓乐于此，百姓闻王钟鼓之声，管籥③之音，举疾首蹙頞④而相告曰：'吾王之好鼓乐，夫何使我至于此极也？父子不相见，兄弟妻子离散。'今王田猎⑤于此，百姓闻王车马之音，见羽旄⑥之美，举疾首蹙頞而相告曰：'吾王之好田猎，夫何使我至于此极也？父子不相见，兄弟妻子离散。'此无他，不与民同乐也。

"今王鼓乐于此，百姓闻王钟鼓之声，管籥之音，举欣欣然有喜色而相告曰：'吾王庶几无疾病与，何以能鼓乐也？'今王田猎于此，百姓闻王车马之音，见羽旄之美，举欣欣然有喜色而相告曰：'吾王庶几无疾病与，何以能田猎也？'此无他，与民同乐也。今王与百姓同乐，则王矣。"

——《孟子·梁惠王下》

注解：① 暴见于王：暴，庄暴，齐国大臣。王，齐宣王。"见于王"指"被王接见"。② 庶几：差不多。③ 管籥(yuè)：籥，同"龠"。管籥，古代吹奏的乐器，类今箫笙之类。④ 举疾首蹙(cù)頞(è)：举，全，都。蹙，皱，收缩。頞，鼻茎，鼻梁。疾首蹙頞，觉得头痛而皱着鼻梁。⑤ 田猎：在野外打猎。⑥ 羽旄：旗帜，这里译为"仪仗"。

今译

齐国的臣子庄暴来见孟子，说："我被大王接见，大王把他喜欢音乐的事告诉我，我没有话来回答。"接着又说："爱好音乐怎么样？"

孟子说："大王如果非常爱好音乐，那齐国大概治理得差不多了。"

一天，孟子被齐王接见，孟子说："您曾经告诉庄暴，说您爱好音乐，有这回事吗？"

齐王很不好意思地说:"我并不是爱好古代音乐,只是爱好一般流行的乐曲罢了。"

孟子说:"只要您非常爱好音乐,那齐国大概治理得不错了。流行的音乐就像古代音乐一样能说明问题。"

齐王说:"这个道理我能够听听吗?"

孟子说:"一个人单独地欣赏音乐很快乐,跟别人一起欣赏音乐也很快乐,究竟哪一种更快乐呢?"

齐王说:"一个人欣赏音乐的快乐不如跟别人一起欣赏更快乐。"

孟子说:"跟少数人欣赏音乐很快乐,跟多数人欣赏音乐也很快乐,究竟哪一种更快乐呢?"

齐王说:"跟少数人欣赏音乐的快乐不如跟多数人一起欣赏更快乐。"

孟子说:"我请求让我向您谈谈欣赏音乐的道理吧。假使大王在这里奏乐,老百姓听到鸣钟击鼓的声音,又听到吹箫奏笛的声音,却全都觉得头痛而皱着鼻梁互相议论:'我们国王这样喜好音乐,为什么使我苦到这样的地步呢? 父子不能见面,兄弟妻儿东逃西散。'假使大王在这儿打猎,老百姓听到车马的声音,看到仪仗的华美,却全都觉得头痛而皱着鼻梁互相议论:'我们国王这样喜好打猎,为什么使我苦到这样的地步呢? 父子不能见面,兄弟妻儿东逃西散。'这没有别的原因,就是因为大王不能同百姓一同快乐的缘故。

"假使大王在这儿奏乐,百姓听到鸣钟击鼓的声音,又听到吹箫奏笛的声音,全都眉开眼笑地互相说道:'我们国王大概身体很好吧,否则怎么能够奏乐呢?'假使大王在这儿打猎,老百姓听到车马的声音,看到仪仗的华美,全都眉开眼笑地互相说道:'我们国王大概身体很好吧,否则怎么能够打猎呢?'这没有别的原因,只是因为大王同百姓一同快乐吧。如果大王同百姓一同快乐,就可以使天下归服了。"

释义

君主有爱好,很快乐,并不可怕,可怕的是君主只顾自己的爱好和快乐,不顾百姓死活。与民同乐,其实也包含着与民同忧的思想。如果君主能够和百姓同乐,君主的心中时刻想着百姓,乐百姓所乐,忧百姓所忧,这样,百姓对于君主的爱好与快乐就能理解、能接受、能关心了。这就是民心所向了。

得 道 多 助

原文

孟子曰:"天时不如地利,地利不如人和①。三里之城,七里之郭②,环③而攻之而不胜。夫环而攻之,必有得天时者矣;然而不胜者,是天时不如地利也。城非不高也,池④非不深也,兵革非不坚利也,米粟非不多也;委⑤而去之,是地利不如人和也。故曰:域⑥民不以封疆之界,固国不以山溪之险,威天下不以兵革之利。得道⑦者多助,失道者寡助。寡助之至,亲戚畔之⑧;多助之至,天下顺之。以天下之所顺,攻亲戚之所畔,故君子有不战,战必胜矣。"

——《孟子·公孙丑下》

注解：① 天时不如地利,地利不如人和：天时,指阴晴寒暑等有利于战争的气候条件。地利,指高城深池、山川险阻。人和,指人心所向,内部团结。② 三里之城,七里之郭：城,内城。郭,外城。③ 环：包围。④ 池：城壕。⑤ 委：放弃。⑥ 域：界限,这里做动词用,限制。⑦ 得道：指得治国之道,即指行仁政。⑧ 亲戚畔之：古代"亲戚"一词有三种不同的意义,可以仅指父母,也可以指父母兄弟等内亲,还可以包括内亲和外戚。这里是第三种意义。畔,同"叛"。

今译

孟子说："占天时不如得地利,得地利不如有人和。如有一座小城,内城不过三里,外城仅七里,敌人围攻它却不能取胜。能围攻,一定有合乎天时的地方;但不能取胜,这就是说得天时却不及占地利。又如一座城池,城墙不是不高,护城河不是不深,兵器和甲胄不是不锐利和坚固,粮食不是不多;但守城的士兵弃城逃走,这就是占地利不如得人和。所以说,限制人民不必用国家的疆界,保护国家不必靠山川的险阻,逞威天下不必凭兵器的锐利。行仁政的人有许多人帮助,不行仁政的人就少有人帮助。帮助的人少到极点时,连内亲外戚都背叛他;帮助他的人多到极点时,全天下的人都归顺他。拿全天下的人归顺的力量,来攻打内亲外戚都反叛的人必然会胜。所以,君子除非不发动战争,如果发动战争,必然会胜利了。"

释义

战争中取胜的关键因素是人,是民心所向。施行仁政的君王,可以获得多方面的帮助：自己的亲戚以及失道者的亲戚,自己的百姓以及失道者的百姓。守国,民心是最坚固的钢铁长城;

攻战,民心是最强大的摧毁敌人的武器。

不得罪于巨室

原文

孟子曰:"为政不难,不得罪于巨室①。巨室之所慕,一国慕之;一国之所慕,天下慕之,故沛然德教溢乎四海。"

—— 《孟子·离娄上》

注解:① 巨室:大家,贤卿大夫家。

今译

孟子说:"治理天下并不难,不得罪那些有影响的贤明的卿大夫就行了。因为他们敬慕的,一国的人都会敬慕;一国人敬慕的,天下的人都会敬慕,因此道德教化就可以充溢天下。"

释义

贤明的卿大夫,他们的想法对天下人的想法有引领作用,君王尊重他们就是尊重天下人的意见,所以这也是符合仁政的要求的。

师文王

原文

孟子曰："天下有道，小德役大德①，小贤役大贤；天下无道，小役大，弱役强。斯二者，天也。顺天者存，逆天者亡。齐景公曰：'既不能令，又不受命，是绝物②也。'涕出而女③于吴。今也小国师大国而耻受命焉，是犹弟子而耻受命于先师也。如耻之，莫若师文王。师文王，大国五年，小国七年，必为政于天下矣。《诗》云④：'商之孙子，其丽不亿⑤。上帝既命，侯⑥于周服。侯服于周，天命靡常。殷士肤⑦敏，裸将于京⑧。'孔子曰：'仁不可为众也。夫国君好仁，天下无敌。'今也欲无敌于天下而不以仁，是犹执热而不以濯也。《诗》云⑨：'谁能执热，逝不以濯⑩？'"

——《孟子·离娄上》

注解：①小德役大德：此为省略句，"役"字后省略了"于"字。下三句同。②绝物：死路。物，事。③女：嫁。④《诗》云：此处出自《诗经·大雅·文王》。⑤其丽不亿：丽，数。不亿，不少于亿。古人以十万为一亿。⑥侯：句首语气助词，无实义。⑦肤：美。⑧裸将于京：裸，也作"灌"，是古代祭祀中的一种仪式，把酒倒在地上迎接鬼神。将，帮助。京，周朝都会镐京，遗址在今陕西西安。⑨《诗》云：此处出自

《诗经·大雅·桑柔》)。⑩ 逝不以濯：逝，发语词，无实义。
濯，洗。

今译

孟子说："天下政治清明，普通人被道德高的人役使，一般贤能的人被非常贤能的人役使；天下政治黑暗，力量小的人被力量大的人役使，弱的人被强的人役使。这两种情况，都是由天决定的。顺从天意的生存，违背天意的灭亡。齐景公曾经说过：'既然不能命令别人，又不接受别人的命令，就是死路一条。'因此流着眼泪把女儿嫁到吴国去。如今弱小国家以强大国家为师，以接受命令为耻，这好比学生以接受老师的命令为耻一样。如果真以为耻，最好以文王为师。以文王为师，强大的国家五年，较小的国家七年，一定能掌握天下的政权。《诗》说：'商代的子孙，数目何止十万。上天已经授命给文王，他们便都是周朝的臣下。他们都是周朝的臣下，可见天意不是不变的。殷代的臣子漂亮聪明，在京都帮助祭祀。'孔子也说过：'仁德是不能拿人数多少来计算的。君主如果爱好仁，天下就不会有敌手。'如今一些诸侯想要天下没有敌手，却又不行仁政，这好比烫着了却不用凉水冲洗一样。《诗》说：'谁能烫着了却不用凉水冲洗？'"

释义

想要施行仁政，应该向谁学习？孟子提出了一个很好的范例：文王。只要能够以文王为师，不管力量大小，都能最终使自己的国家强大，没有敌手。

君子之爱

原文

孟子曰："君子之于物也,爱之而弗仁;于民也,仁之而弗亲。亲亲①而仁民,仁民而爱物。"

——《孟子·尽心上》

注解:① 亲亲:亲近亲人。第一个亲指亲近,作动词。第二个亲指亲人,作名词。

今译

孟子说:"君子对于万物,爱惜它却达不到仁爱;对于百姓,仁爱他却达不到亲爱。君子亲爱亲人,因而仁爱百姓;仁爱百姓,因而爱惜万物。"

释义

孟子在这里阐述了"君子之爱"的等差:对万物的爱是"珍惜",所以"爱之而弗仁";对百姓的爱是"仁爱",所以"仁之而弗亲";对亲属的爱是最亲近的"亲爱"。君子从自身的亲人出发，推己及人，推衍到百姓与万物。

　　儒家倡行的仁爱是由"亲子之爱"扩展开来的爱，有亲疏远近的等差。

第五单元

民贵君轻

  孟子提倡"养气",主张"取义",倡行"仁政",说出"民为贵,社稷次之,君为轻"这样的话就成了必然。

  "民贵君轻"之说,足以说明孟子是大智大勇者。从本单元汇集的言论中,可以读出孟子的民本思想及其背后的仁义智勇之心。

"残""贼"之人谓之"一夫"

此之谓寇雠

大夫可以去

有所不召之臣

贵戚之卿与异姓之卿

好善而忘势

民贵君轻

诸侯之宝三

吾何畏彼哉

燕可伐与

奚为后我

七年之病求三年之艾

"残""贼"之人谓之"一夫"

原文

齐宣王问曰:"汤放桀①,武王伐纣②,有诸?"

孟子对曰:"于传③有之。"

曰:"臣弑④其君,可乎?"

曰:"贼仁者谓之'贼',贼义者谓之'残'。'残''贼'之人谓之'一夫'⑤。闻诛一夫纣矣,未闻弑君也。"

——《孟子·梁惠王下》

注解:① 汤放桀:夏桀暴虐,汤兴兵讨伐他,把桀流放到南巢。汤,商朝的开国君主。桀,夏朝的最后一个君主。② 武王伐纣:商纣王无道,周武王兴兵讨伐,纣王大败,自焚而死。纣,商朝的最后一个君主。③ 传(zhuàn):指文献记述。④ 弑:臣下杀死君主,儿女杀死父母。后文的"诛"指合乎正义地讨伐罪犯。⑤ 一夫:独夫,指众叛亲离,失去了百姓的君主。

今译

齐宣王问孟子:"商汤流放夏桀,武王讨伐商纣,真有这回事吗?"

孟子回答说:"文献上有这样的记载。"

宣王说:"臣子弑君,可以吗?"

孟子回答说:"残害仁爱的人叫做'贼',残害道义的人叫做'残'。'残''贼'一类的人应当叫他'独夫'。我只听说过周武王诛杀了独夫殷纣,没有听说过他是以臣子的身份弑君。"

释义

在儒家思想中,"弑"就是犯上作乱。臣杀君就是弑。但孟子在本章中对此作出非常勇敢而清晰的界定:臣子杀掉残害仁义的君主,不能叫做"弑",应当叫做"诛"。因为残害仁义、失去民心的暴君是独夫民贼,可杀,当杀。

此之谓寇雠

原文

孟子告齐宣王曰:"君之①视臣如手足,则臣视君如腹心;君之视臣如犬马,则臣视君如国人②;君之视臣如土芥,则臣视君如寇雠。"

王曰:"礼,为旧君有服③,何如斯可为服矣?"

曰:"谏行言听,膏泽下于民;有故而去,则君使人导之出疆,又先于其所往;去三年不反,然后收其田里。此之谓三有礼焉。如此,则为之服矣。今也为臣,谏则不行,言则不听;膏泽不下于民;有故而去,则君搏执④之,又极⑤之于其所往;去之日,遂收其田里。此之谓寇雠。

寇雠，何服之有？"

——《孟子·离娄下》

注解：① 之：助词，无实义。② 国人：普通路人。③ 服：丧服。④ 搏执：拘捕。⑤ 极：穷，使……困穷。

今译

　　孟子告诉齐宣王说："如果君主把臣子看作自己的手脚，臣子就会把君主看作自己的腹心；如果君主把臣子看作犬马，臣子就会把君主看作普通路人；如果君主把臣子看作泥土草芥，臣子就会把君主看作仇敌。"

　　齐宣王说："按礼制，臣子应对先前的君主服丧，君主怎样对待臣子才能使臣子为他服孝呢？"

　　孟子回答说："臣子的劝谏君主接受了，臣子的建言君主听从了，恩惠泽润百姓；如果臣子因故不得不离开，君主一定派人引导他离开国境，并且先派人到他要去的地方做好安排；臣子离开了三年不返回，才收回他的禄田和房屋。这个叫做三有礼。像这样，臣子就会为他服孝了。如今臣子的劝谏不被君主接受，建言不被君主听从，君主的恩惠泽润不到百姓；如果臣子有什么缘故不得不离开，君主还要把他捆绑起来，并且派人到臣子将要去的地方，使他非常穷困；臣子离开的那一天，就收回他的禄田和房屋。这叫做树立仇敌。既然君主把臣子当作仇敌，臣子怎么会为君主服丧呢？"

释义

　　孟子在这里提出的君臣关系是：互亲互信。臣子应当忠于君主，但有一个前提：君主应当尊重臣子，"视臣如手足"。倘若君主不仁不义，迟早会被臣子抛弃。

大夫可以去

原文

孟子曰："无罪而杀士，则大夫可以去；无罪而戮民，则士可以徙。"

——《孟子·离娄下》

今译

孟子说："士人如果没有犯罪却被杀害，那么大夫可以离开君主；百姓如果没有犯罪却被杀戮，那么士人便可以搬到别处去。"

释义

在孟子看来，当国家政治黑暗、国君滥杀无辜时，作为臣子的士人、大夫可以离开国君。这样一是不与无道之君为伍，保持自身的清洁；二是可以免祸全身，避免无谓的牺牲。

有所不召之臣

原文

孟子将朝王①。王使人来曰："寡人如②就见者也，有寒疾，不可以风。朝，将视朝，不识可使寡人得见乎？"

对曰："不幸而有疾，不能造③朝。"

明日，出吊于东郭氏④。公孙丑曰："昔者辞以病，今日吊，或者⑤不可乎？"

曰："昔者疾，今日愈，如之何不吊？"

王使人问疾，医来。

孟仲子⑥对曰："昔者有王命，有采薪之忧⑦，不能造朝。今病小愈，趋造于朝，我不识能至否乎？"

使数人要⑧于路，曰："请必无归，而造于朝！"

不得已而之景丑氏⑨宿焉。

景子曰："内则父子，外则君臣，人之大伦也。父子主恩，君臣主敬。丑见王之敬子也，未见所以敬王也。"

曰："恶！是何言也！齐人无以仁义与王言者，岂以仁义为不美也？其心曰'是何足与言仁义也'云尔，则不敬莫大乎是。我非尧舜之道，不敢以陈于王前，故齐人莫如我敬王也。"

景子曰："否；非此之谓也。礼曰：'父召无诺⑩'；'君命召，不俟驾⑪'。固将朝也，闻王命而遂不果，宜⑫与夫礼若不相似然。"

曰："岂谓是与^⑬！曾子曰：'晋楚之富，不可及也；彼以其富，我以吾仁；彼以其爵，我以吾义，吾何慊^⑭乎哉？'夫岂不义而曾子言之？是或一道也。天下有达^⑮尊三：爵一，齿一，德一。朝廷莫如爵，乡党莫如齿，辅世长民莫如德。恶得有其一以慢其二哉^⑯？故将大有为之君，必有所不召之臣；欲有谋焉，则就之。其尊德乐道，不如是，不足与有为也。故汤之于伊尹，学焉而后臣之，故不劳而王；桓公之于管仲，学焉而后臣之，故不劳而霸。今天下地丑^⑰德齐，莫能相尚^⑱，无他，好臣其所教，而不好臣其所受教。汤之于伊尹，桓公之于管仲，则不敢召。管仲且犹不可召，而况不为管仲者乎？"

——《孟子·公孙丑下》

注解：① 王：指齐王。② 如：应当。③ 造：去，前往。④ 东郭氏：齐国大夫。⑤ 或者：大概。⑥ 孟仲子：一般认为是孟子的堂弟。⑦ 采薪之忧：因患病不能采薪，所以忧虑。用来指称患病。⑧ 要(yāo)：阻拦。⑨ 景丑氏：齐国大夫。下文的"景子"是对他的尊称。⑩ 无诺：父母召唤，应当还没有来得及答应就起身。⑪ 不俟驾：俟，等候。驾，车辆。⑫ 宜：殆，差不多，大概。⑬ 岂谓是与：说的是这个呀！岂，其，表示强调的语气副词。⑭ 慊：少，不足。⑮ 达：全，遍。⑯ 恶……哉：哪里……呢？⑰ 丑：同。⑱ 尚：过，胜。

孟子准备觐见齐王，齐王派人告诉孟子说："我本应该到你家看你,但是我感冒了,不能吹风。假如你肯来见我,我也将上朝,不知道是否可以让我在朝廷上见到你?"

孟子回答说:"我不幸生了病,不能前往朝廷见大王。"

第二天,孟子要出门到东郭家去吊丧。公孙丑说:"昨天老师用生病谢绝齐王召见,今天却外出去吊丧,大概不行吧?"

孟子说:"昨天生了病,今天好了,怎么就不可以去吊丧呢?"

齐王听说孟子病了就派人来询问病情,并派来了医生。

孟仲子应付说:"昨天大王命他上朝,他刚好生病不能前往朝廷。今天他的病稍好一点,已经快步前往朝廷了,但我不知道是否到达了。"

孟仲子于是派几个人在孟子回家的路上拦截他,说:"请您一定不要回家,而要前往朝廷去!"

孟子不得已到景丑氏家中歇宿。

景子说:"家有父子,外有君臣,这是人与人的最重要的关系。父子间重在慈爱,君臣间重在恭敬。我看见齐王很尊敬你,没有看见你怎么敬重齐王。"

孟子说:"哟!这是什么话!齐国人没有谁拿仁义来同大王探讨的,难道是他认为仁义不美吗?他们心中如此想罢了:'这齐王哪里值得同他谈论仁义呢?'对齐王的不尊敬没有比这更大的了。像我的话,不是尧舜的美政美德不敢拿到大王面前来陈述,所以说齐国人没有谁像我如此尊敬大王的。"

景子说:"不,我不是说的这个。礼书上说:'父亲召唤,还没有来得及答应一声就起身';'君主召唤,没有等车驾好就先走。'你却是本来准备觐见君王,一听到君王召见自己,竟然就不去了,这大概与礼书上讲的不太一样吧。"

孟子说:"你说的是这个呀!曾子说:'晋国和楚国的富有,是我们不能达到的。但是他们凭借他们的财富,我凭借我的仁;他们凭借他们的爵位,我凭借我的义。我与他们相比少了什么吗?'曾子说这些话难道没有道理吗?应该是有道理的吧。天下普遍认同的尊贵有三种：一是爵位，一是年龄，一是德性。朝廷没有比爵位尊贵的，乡里没有比年龄尊贵的，辅弼君主统率百姓没有比德性尊贵的。大王哪里能凭着自己拥有爵位来轻慢拥有年龄和德性的人呢？所以，大有作为的君主必定有他可召唤而不去召唤的臣子。如果有什么事情要与他商量，就到他那里去询问。一个君王要尊崇德性和乐行美政，如果不这样，便不值得去同他一起做什么。因此，商汤对于伊尹是先向伊尹学习，然后再请他做大臣，所以商汤没有费大力气就称王天下；桓公对于管仲是先向他学习，然后再请他做大臣，所以桓公没有费大力气就称霸诸侯。而今天下大国面积相等，君王的德性相同，没有一个大国能够胜过别国，没有别的原因，是由于他们都喜欢让听从自己教导的人做大臣，却不喜欢让可以让自己领受教益的人做大臣。商汤对于伊尹，桓公对于管仲，就是可以召唤而不敢召唤。管仲尚且不可以召唤，何况不愿做管仲的人呢？”

释义

臣可以不应召，君应当有不召之臣。这是孟子心中一种好的君臣关系。若能尊崇这样的君臣关系，说明君与臣处在相互尊重的状态中，且相得益彰。这样，君可以“不劳而王”或“不劳而霸”，臣可以尽享尊荣而尽力尽才。

贵戚之卿与异姓之卿

原文

齐宣王问卿。孟子曰：“王何卿之问也？”

王曰:"卿不同乎?"

曰:"不同;有贵戚之卿^①,有异姓之卿。"

王曰:"请问贵戚之卿。"

曰:"君有大过则谏;反覆之而不听,则易位^②。"

王勃然变乎色。

曰:"王勿异也。王问臣,臣不敢不以正^③对。"

王色定,然后请问异姓之卿。

曰:"君有过则谏,反覆之而不听,则去。"

——《孟子·万章下》

注解:① 贵戚之卿:与君王同姓的公卿,与后"异姓之卿"相对。② 易位:变换位置,即让同姓中贤能者替代原先的君王。③ 正:诚。

今译

齐宣王向孟子请教有关卿的事。孟子问:"大王问的是哪一类卿?"

齐王说:"卿与卿有不同吗?"

孟子回答说:"卿与卿不一样。有和王室同姓的卿,有和王室不同姓的卿。"

齐王说:"请您说说和王室同姓的卿吧。"

孟子说:"君王如果有重大错误,他就进谏请求君王改正。如果卿反复进谏,君王却还是不听从,卿就让同姓中贤能的人替代原先的君王。"

齐宣王一下子变了脸色。

孟子说:"大王不要吃惊。大王问我,我不敢不诚实以对。"

宣王脸色正常了,然后请孟子说说异姓卿。

孟子说:"君王假如有错误,他就进谏请求君王改正;如果反复进谏,君王还不听从,卿就自己离开君王。"

释义

无论是"贵戚之卿"的"易位",还是"异姓之卿"的"去",都表明臣子的重大责任,对君王有重要的职分,不可敷衍。同样,君王要保留君位,要留住公卿,就应尊重公卿的职分,善于听取他们的谏言。

好善而忘势

原文

孟子曰:"古之贤王好善而忘势。古之贤士何独不然? 乐其道而忘人之势,故王公不致敬尽礼,则不得亟①见之。见且由不得亟,而况得而臣之乎?"

——《孟子·尽心上》

注解:① 亟(qì):屡次,多次。

今译

孟子说:"古代贤君喜好善而忘记自己的权势。古代贤士哪里不是这样？以自己追求的道为乐而忘记他人的权势，所以王公对他不表达敬意、尽到礼数，就不能够多次见到他。见到他尚且不能够多次，何况要得到他并且让他做自己的臣属呢？"

释义

贤王不以势待臣而以礼待臣，贤臣不以势取君而以道取君。反之，不贤的君与臣都以势相待。

民贵君轻

原文

孟子曰："民为贵，社稷①次之，君为轻。是故得乎丘民②而为天子，得乎天子为诸侯，得乎诸侯为大夫。诸侯危社稷，则变置。牺牲③既成，粢盛④既洁，祭祀以时，然而旱干水溢，则变置社稷。"

——《孟子·尽心下》

注解：① 社稷：土地神和谷神。古代国家建立后都立土地神和谷神，以便让国人求福报功。后来用来指代国家。② 丘民：百姓。丘，众。③ 牺牲：古代祭祀用的牲畜的总称。④ 粢盛（zī chéng）：盛于祭器内供祭祀的谷物。粢，这里是谷物的总称。

今译

孟子说:"百姓是最重要的,土地神和谷神其次重要,国君与前两者相比是轻的。因此赢得百姓就能做天子,赢得天子就能做诸侯,赢得诸侯就能做大夫。诸侯危害国家,就改立诸侯。牺牲已经备好,谷物已经洗净,按照时候祭祀土地神和谷神,但是国家还遭受旱灾或水灾,就改立土地神和谷神。"

释义

为什么"民为贵,社稷次之,君为轻"?因为没有民就没有社稷,没有社稷何来国君?对一个国家而言,其他的都可以"改立",只有百姓不能,由此也可见百姓之重。

诸侯之宝三

原文

孟子曰:"诸侯之宝三:土地,人民,政事。宝珠玉者,殃必及身。"

——《孟子·尽心下》

今译

孟子说:"诸侯有三种宝:土地、人民、政务。把珍珠美玉当作宝贝的,祸害一定会到他身上来。"

释义

什么是真正的宝贝？土地、人民、政务。可惜，自古以来认清这一点的统治者不多，他们总是把珍珠美玉之类的财物当作宝贝，所以常常也很快遭受祸害。

吾何畏彼哉

原文

孟子曰："说大人①则藐之，勿视其巍巍然。堂高数仞②，榱题③数尺，我得志，弗为也。食前方丈④，侍妾数百人，我得志，弗为也。般⑤乐饮酒，驱骋田猎⑥，后车千乘，我得志，弗为也。在彼者，皆我所不为也；在我者，皆古之制也，吾何畏彼哉？"

——《孟子·尽心下》

注解：① 大人：指地位显贵的人。② 堂高数仞：高，本指台阶，这里指房屋的基础。仞，古代长度单位。周代一仞为八尺，汉代一仞为七尺。③ 榱(cuī)题：榱，本义是房椽子，这里指屋檐。题，端。④ 方丈：方圆大小一丈。⑤ 般：大。⑥ 田猎：打猎。

今译

孟子说:"向地位显赫的人进言,就得藐视他,不要将他看得很高大。殿堂的基础数仞高,屋檐数尺宽,我如果得志了,也不这样做。眼前的食物摆满一丈见方的餐桌,侍奉的姬妾几百人,我如果得志了,绝不这样干。饮酒狂欢,奔驰田猎,跟随在后面的车子千辆,我如果得志了,绝不这样干。他所有的,都是我不做的;我所有的,都是古代的制度,我惧怕他什么呢?"

释义

地位显赫的人并不可怕,他们无非是在吃、穿、住、行这些方面"显赫"。在孟子看来,他们所拥有的都是俗物,而精神方面却是极其缺失的,因此,可以藐视他们。

燕可伐与

原文

沈同以其私问①曰:"燕可伐与②?"

孟子曰:"可。子哙不得与人燕③,子之不得受燕于子哙。有仕④于此,而子悦之,不告于王而私与之吾子⑤之禄爵,夫士也,亦无王命而私受之于子,则可乎?何以异于是?"

齐人伐燕。或问曰:"劝齐伐燕,有诸?"

曰："未也。沈同问：'燕可伐与?'吾应之曰：'可。'彼然而伐之也。彼如曰：'孰可以伐之?'则将应之曰：'为天吏，则可以伐之。'今有杀人者，或问之曰：'人可杀与?'则将应之曰：'可。'彼如曰："孰可以杀之?'则将应之曰：'为士师，则可以杀之。'今以燕伐燕⑥，何为劝之哉?"

——《孟子·公孙丑下》

注解：① 沈同以其私问：沈同，齐国大臣。私，个人身份。② 与：通"欤"，吗。③ 子哙不得与人燕：子哙，燕国国君，公元前320—前318年在位。与人燕，指公元前318年子哙让位于相国子之，致燕国爆发内乱，齐国乘机攻占燕国，他与子之均被杀。④ 仕：通"士"。⑤ 吾子：你。⑥ 以燕伐燕：前一个"燕"指像燕国一样治国无道的齐国。

今译

　　沈同以私人身份请教孟子说："燕国可以讨伐吗?"

　　孟子回答说："可以。子哙不能私自把燕国交给别人，相国子之不能随便从子哙手里接受燕国。就像有一位读书人在这里，你很喜欢他，不向国君请示就私下把你的俸禄爵位转送给他，这个读书人也在没有国君诏命的情况下就私下从你手里接受俸禄爵位，那么这样可以吗? 子哙与子之私下受授燕国的事与这有什么不同呢?"

　　齐人不久去讨伐燕国。有人问孟子："你劝说齐国讨伐燕国，有这事吗?"

　　孟子说："没有。沈同问我：'燕国可以讨伐吗?'我回答他说：'可以。'他就这样去讨伐燕国了。他如果问：'谁可以讨伐燕国?'那么我将回答他说：'如果是天吏就可以讨伐燕国。'现在有

一个杀人犯,有人问我:'这个人可以杀吗?'那么我将回答他说:
'可以。'他如果问:'谁可以杀他?'那么我将回答他说:'如果是
执法的人就可以杀他。'现在以一个像燕国一样无道的国家来讨
伐燕国,为什么去劝说呢?"

释义

因为国政败坏,百姓苦难,所以孟子认为燕国是可以讨伐
的。讨伐燕国,就是替天行道。问题是谁去讨伐。孟子认为齐
国没有资格去讨伐,因为齐国的国政与燕国一样败坏,即使讨伐
成功,也不会得到百姓的支持。果然,在齐国攻占燕国的第二
年,燕国人就拥立了燕王哙的庶子太子平为燕王(就是后来非常
有名的燕昭王),与齐国对抗,齐军不得不从燕国撤回。

伐与不伐,关键在于是否为了百姓。

奚 为 后 我

原文

万章①问曰:"宋,小国也,今将行王政,齐、楚恶而伐
之,则如之何?"

孟子曰:"汤居亳②,与葛③为邻,葛伯放而不祀。汤
使人问之曰:'何为不祀?'曰:'无以供牺牲也。'汤使遗
之牛羊,葛伯食之,又不以祀,汤又使人问之曰:'何为不
祀?'曰:'无以供粢盛也。'汤使亳众往为之耕,老弱馈

食,葛伯率其民要④其有酒食黍稻者夺之,不授者杀之。有童子以黍肉饷,杀而夺之。《书》曰'葛伯仇饷',此之谓也。为其杀是童子而征之,四海之内皆曰:'非富天下也,为匹夫匹妇复仇也。'汤始征,自葛载⑤。十一征而无敌于天下。东面而征,西夷怨;南面而征,北狄怨,曰:'奚为后我!'民之望之,若大旱之望雨也,归市者弗止,芸⑥者不变。诛其君、吊其民,如时雨降,民大悦。……不行王政云尔,苟行王政,四海之内皆举首而望之,欲以为君,齐、楚虽大,何畏焉?"

——《孟子·滕文公下》

注解:① 万章:孟子的弟子。② 亳:此处所说的亳在今河南商丘东南,即前人所谓的南亳。③ 葛:古国名,嬴姓。④ 要:通"邀",拦截。⑤ 载:始。⑥ 芸:通"耘"。

今译

　　万章向老师请教说:"宋是个小国,现在要推行王政,齐国、楚国憎恨它而去讨伐它,怎么办呢?"

　　孟子说:"商汤王居住在亳地,与葛伯做邻居,葛伯放纵无度,不祭祀祖先。商汤王派人询问葛伯说:'为什么不祭祀祖先?'葛伯说:'没有猪牛羊拿来做祭品。'商汤王就送给葛伯牛羊,葛伯吃掉牛羊,又不拿牛羊来祭祀。商汤王又派人来询问葛伯说:'为什么不祭祀祖先?'葛伯说:'没有粮食拿来做祭品。'商汤王派亳地的百姓去替葛伯耕种,送给年老体弱的人粮食,葛伯带着他的人拦截那些有酒食米饭的人,并且夺走酒食米饭,不给他的人就杀掉。有个小孩拿饭和肉去送,被葛伯的人杀害并且夺走了饭和肉。《尚书》上说'葛伯与送饭的人为仇',说的就是这件事。商汤王因为葛伯杀了这个孩子而去征伐他,天下人都说:'商汤王不是为了夺取天下的财富,是替普通百姓复仇。'商汤王征战天下从葛国始,征战十一次,天下没有敌手。他向东征讨,西边的人埋怨为什么不征讨他们那里;他向南征讨,北边的人埋怨为什么不征讨他们那里,都说:'为什么把我们这里放在后面征讨!'天下百姓盼望商汤王的到来就像大旱时盼望老天下雨一样急切。商汤王征讨到哪里,那里去集市的人不停止他的买或卖,耘田的人不改变他的耕作。商汤王诛杀残暴的君主,慰问那里的百姓,就像降及时雨,百姓非常高兴……不推行王政就算了,只要推行王政,天下的百姓就会都举头盼望,要拥立他来做君主,齐国、楚国即使强大,又惧怕他什么呢?"

释义

汤王征讨葛伯与齐王讨伐燕国的目的与结果完全不同。汤王是仁爱百姓,齐王是为图私利,所以汤王能得天下,齐王最后只能悻悻而返。

当百姓都说"奚为后我"时,称王天下就不远了。

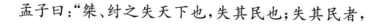

七年之病求三年之艾

原文

孟子曰:"桀、纣之失天下也,失其民也;失其民者,失其心也。得天下有道：得其民，斯得天下矣；得其民有道：得其心，斯得民矣；得其心有道：所欲与①之聚之，所恶勿施，尔也②。民之归仁也，犹水之就下、兽之走圹③也。故为渊殴鱼者獭也④，为丛殴爵者鹯也⑤，为汤、武殴民者桀、纣也。今天下之君有好仁者，则诸侯皆为之殴矣，虽欲无王，不可得已。今之欲王者，犹七年之病求三年之艾⑥也，苟为不畜⑦，终身不得。苟不志于仁，终身忧辱，以陷于死亡。《诗》云：'其何能淑⑧，载胥及溺⑨。'此之谓也。"

——《孟子·离娄上》

注解：① 与：为，替。② 尔也：如此而已。③ 圹：旷野。④ 为渊殴鱼者獭也：殴，同"驱"。獭，水獭。水獭善于捕鱼，但也使鱼儿都逃到深水去躲避。这里用来喻指实际效果与初衷相反。下句意思与此句相似。⑤ 为丛殴爵者鹯（zhān）也：爵，通"雀"。鹯，又叫"晨风"，一种似鹞的猛禽。⑥ 三年之艾：艾草可以治病，存放时间越久效果越好。⑦ 畜：同"蓄"，储备。⑧ 淑：善。⑨ 载胥及溺：载，则，就。胥，相继。

今译

孟子说："桀、纣失去天下，是因为失去了人民；失去人民，是因为失去了民心。得天下有途径，得到天下的人民就得到了天下；得天下的人民有途径，得到他们的心就得到了天下的人民；得民心有途径，人民想要的就为他们聚集，人民憎恶的不施加给他们，如此而已。人民归附仁，就像水流向低处、野兽跑向旷野。所以，替深渊把鱼儿驱赶到深处的是獭，替深林把鸟雀驱赶到深处的是鹯,替汤王、武王送来人民的是桀、纣。现在天下如果有喜好仁政的国君,其他诸侯就都会为他送来人民,即使不想称王天下也不能够。现在要称王天下的人,就像病了七年要寻找保存了三年的艾草来治疗,如果不储备,一辈子也不能得到。如果不是有志推行仁政,就会一辈子处在忧患羞辱中,以至于死亡。《诗》说:'他们怎么做得好,不过是相继落到水中罢了。'说的就是这个意思。"

释义

"七年之病求三年之艾",说的是治老病要陈药。这个比喻有两层意思:仁政是陈药,可治诸侯多年的失政、失民;要获得民心,就要与人民息息相通、忧乐与共,并且要通过长期的日常的积累,非一朝一夕可为。

第六单元

援之以道

　　孟子是著名的辩手。《孟子》中记载了他与当时多家学派的激辩。本单元汇集了孟子论辩的部分辩说。

　　孟子是睿智的思想家。除前述几单元选录的内容外,《孟子》一书还记载了他关于生活、学习、教育等诸多方面的精彩论述。本单元也汇集了这些方面孟子的部分名言。

援之以道
有不虞之誉
于答是也何有
执中无权，犹执一也
惟义所在
是亦羿有罪焉
故者以利为本
未有盛于孔子也
何取于水
其中，非尔力也
予私淑诸人也
死伤勇
恶知其非有
胸中正，则眸子瞭
人乐有贤父兄
无为其所不为
为弃井也
以其昭昭使人昭昭
教亦多术矣
无耻之耻，无耻矣
春秋无义战
尽信《书》不如无《书》
逃杨必归于儒
劳心者治人

援之以道

原文

淳于髡①曰:"男女授受不亲②,礼与?"

孟子曰:"礼也。"

曰:"嫂溺,则援之以手乎?"

曰:"嫂溺不援,是豺狼也。男女授受不亲,礼也;嫂溺,援之以手者,权③也。"

曰:"今天下溺矣,夫子之不援,何也?"

曰:"天下溺,援之以道;嫂溺,援之以手。子欲手援天下乎?"

——《孟子·离娄上》

注解:① 淳于髡(kūn):姓淳于,名髡,齐国人,曾任职齐威王、齐宣王和梁惠王三朝。② 授受不亲:给与取不亲手递接。授,给。受,取。③ 权:权变,变通。

今译

淳于髡问:"男与女不能亲手交接东西,这是礼规定的吗?"

孟子答道:"是礼规定的。"

淳于髡又问:"如果嫂嫂掉在水里,要伸手去救她吗?"

孟子回答说:"嫂嫂掉在水里不伸手救她,这是豺狼。男与女不亲手交接东西,这是礼制规定;嫂嫂掉在水里伸手去救她,这是变通的做法。"

淳于髡说:"现在天下人都掉在水里了,您不伸手救援,是为什么?"

孟子回答说:"天下人都掉在水里了,用'道'去救援;嫂嫂掉在水里,用手去救援。你要我用手去救援天下人吗?"

释义

礼制规定"男女授受不亲"适用于一般情况,"嫂溺,则援之以手"是特殊情况,不能用一般规定来要求。援救生命的价值高于一般守礼的价值。

"天下溺"是比喻说法,指天下人生活在苦难中,需要用"仁政"(道)去拯救,不可能一个一个地伸手去解救。孟子的言下之意是,除了"仁政"(道),没有别的法子(术)可以将百姓从苦难之中解救出来。

淳于髡本想设套子让孟子进退两难,处在悖论之中,以此指责孟子坚守礼制(仁政)的迂阔。但孟子机敏的回答既显示了自己变通的一面,又坚守了自己的思想与原则。

有不虞之誉

原文

孟子曰:"有不虞①之誉,有求全之毁。"

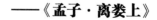

——《孟子·离娄上》

注解：① 虞：料想，意料。

今译

孟子说："有意料之外的赞美，有吹毛求疵的诋毁。"

释义

"誉"与"毁"有时可听，有时不能听。一个能清醒地认识自我的人，会坚定地走自己的路，不会因"誉"而得意扬扬，不会因"毁"而灰心丧气。

于答是也何有

原文

任①人有问屋庐子②曰："礼与食孰重？"

曰："礼重。"

"色与礼孰重？"

曰："礼重。"

曰："以礼食，则饥而死；不以礼食，则得食，必以礼乎？亲迎③，则不得妻；不亲迎，则得妻，必亲迎乎？"

屋庐子不能对，明日之邹④，以告孟子。

孟子曰："于答是也何有？不揣其本而齐其末⑤，方寸之木可使高于岑楼⑥。金重于羽者,岂谓一钩⑦金与一舆羽之谓哉? 取食之重者与礼之轻者而比之,奚翅⑧食重? 取色之重者与礼之轻者而比之,奚翅色重? 往应之曰:'紾⑨兄之臂而夺之食,则得食;不紾则不得食,则将紾之乎? 逾东家墙而搂其处子⑩则得妻,不搂则不得妻,则将搂之乎?'"

——《孟子·告子下》

注解:① 任:诸侯国,在今山东济宁。② 屋庐子:孟子的弟子,名连。③ 亲迎:新郎亲自去迎接新妇,指结婚时举行的必要的婚礼。④ 邹:孟子在邹地。邹与任相距约百里。⑤ 不揣其本而齐其末:揣,揣度高度。本,基本,基础。末,末端,顶端。⑥ 岑楼:尖顶高楼。岑,小山。⑦ 钩:带钩,系在腰间的饰物。⑧ 翅:通"啻",止,只。⑨ 紾(zhěn):扭转。⑩ 处子:处女。

今译

任国有个人问屋庐子说:"礼和食哪个重要?"

屋庐子回答说:"礼重要。"

任国人又问:"男女之情和礼哪个重要?"

屋庐子回答说:"礼重要。"

任国人又问:"如果依礼找吃的却挨饿而死,不依礼找吃的却能得到吃的而生,那一定要依礼吗? 如果依礼行亲迎礼不能娶到妻子,不依礼行亲迎礼能得到妻子,那一定要依礼行亲迎礼吗?"

屋庐子不能应对,第二天到邹国把任国人的话告诉孟子。

孟子说:"回答这个问题有什么难呢? 不度量基座的高低

而只比较顶端,那么一寸厚的木块可以让它比尖顶高楼高。平常说金子比羽毛重的原因,难道是说用一只带钩那么少的一点点金子和一大车的羽毛相比吗?择取饮食的重要方面和礼的轻微方面比较,怎么只是饮食重要?择取男女之情的重要方面和礼的轻微方面比较,怎么只是男女之情重要?你去答复他:'扭断哥哥的胳膊夺走他的食物就能得到吃的;不扭断哥哥的胳膊就不能得到吃的,那将去扭断哥哥的胳膊吗?翻越东邻的墙去抱他的女儿就能得到妻子,不去这样抱就不能得到妻子,那将去抱吗?'"

释义

在比较两样事物的时候,一定要有合理的参照,如果参照不合理,比较就没有意义。这个参照就是孟子在本章中讲的"本"。"方寸"与"岑楼"的高低比较之"本"是它们的基础,"金"与"羽"的轻重比较之"本"是它们数量的多少。"食"与"礼""色"与"礼"的轻重比较之"本"是它们"轻"与"重"方向的一致性,即"食""色"之重与"礼"之重相比,"食""色"之轻与"礼"之轻相比,不能用"食""色"之重与"礼"之轻相比,同样也不能拿"食""色"之轻与"礼"之重相比。这样,我们就能理解,"不紾"(礼)与"不得食"(食)相比,"不紾"(礼)更重要;"不搂"(礼)与"不得妻"(色)相比,"不搂"(礼)更重要。

孟子本章驳斥了在不恰当的对比中怀疑礼的重要性的荒谬。

执中无权，犹执一也

原文

孟子曰："杨子取为我①，拔一毛而利天下，不为也。墨子兼爱②，摩顶放踵③利天下，为之。子莫④执中，执中为近之。执中无权，犹执一也。所恶执一者，为其贼道也，举一而废百也。"

——《孟子·尽心上》

注解：① 杨子取为我：杨子，杨朱，魏国人，战国初期的著名思想家；相传反对儒、墨学说，主张贵生、重己；没有著作传世，思想材料散见于《孟子》《庄子》《韩非子》《吕氏春秋》等书。取，主张。② 墨子兼爱：墨子，墨翟，春秋末年的著名思想家，墨家学说的创始人，主张"兼爱"。该学派有《墨子》一书传世。③ 放踵：放，至。踵，脚跟。④ 子莫：鲁国学者。生平不详。

今译

孟子说："杨子主张为己，即使拔一根头发有利于整个天下也不做。墨子主张兼爱，哪怕从头到脚都摩伤了也去做。子莫执持中道。执持中道接近合理。但是执持中道若不能变通，也就像执持一端。我所以厌恶执持一端，是因为它损害仁义大道，抓住一点而废弃其他的缘故。"

释义

在孟子时代,杨、墨是显学。孟子在《滕文公下》中说:"天下之言不归杨则归墨。"但在孟子看来,杨朱极度自私,墨子大公无私,都是"执一",都不可取。所以孟子说:"杨氏为我,是无君也;墨氏兼爱,是无父也,无父无君是禽兽也。"(《滕文公下》)这与儒家由己及人的主张是一致的。

孟子认为应取杨、墨之中,如子莫。也就是有己而不自私,有天下而不忘我。应当说,孟子的这一主张,符合大多数人的心理。

孟子反对极度自私是对的,但只从"执中"考虑,否定墨子学派主张"兼爱"的意义,也就是陷入"执中"之"一"了。"兼爱"不是不好,而是难以企及。

惟 义 所 在

原文

孟子曰:"大人①者,言不必信,行不必果,惟义所在。"

——《孟子·离娄下》

注解: ① 大人:德行高尚的君子。

今译

孟子说:"德行高尚的君子,说话不一定句句守信,行事不一定事事有终,只要所说所做与义同在、依义而行就可。"

释义

本章是孟子修正老师观点的地方(本单元中"人乐有贤父兄"与此同类)。孔子主张"言必信,行必果"(《论语·子路篇第十三》)"言而有信"(《论语·学而篇第一》)。孟子却说"言不必信,行不必果",但孟子说这话有个前提——这是就"大人"而言,因为"大人"德性高尚,会在反省中修正自己的言与行,使之更符合义,也即行所当行,弃所不当行。如果死守先前的言与行,不义而不知变通,就沦为"小人"了。

是亦羿有罪焉

原文

逢蒙①学射于羿②,尽羿之道,思天下惟羿为愈己,于是杀羿。孟子曰:"是亦羿有罪焉。"

公明仪曰:"宜若无罪焉。"

曰:"薄③乎云尔,恶得无罪?郑人使子濯孺子④侵卫,卫使庾公之斯追之。子濯孺子曰:'今日我疾作,不可以执弓,吾死矣夫!'问其仆曰:'追我者谁也?'其仆曰：'庾公之斯⑤也。'曰：'吾生矣。'其仆曰：'庾公之斯，卫之善射者也；夫子曰吾生，何谓也?'曰：'庾公之斯学射于尹公之他⑥，尹公之他学射于我。夫尹公之他，端人⑦也，其取友必端矣。'庾公之斯至，曰：'夫子何为不执弓?'曰：'今日我疾作，不可以执弓。'曰：'小人学射于尹公之他，尹公之他学射于夫子。我不忍以夫子之道反害夫子。虽然，今日之事，君事也，我不敢废。'抽矢，扣轮，去其金⑧，发乘矢⑨，而后反。"

——《孟子·离娄下》

注解：① 逄(péng)蒙：既是羿的学生，又是羿的家仆。② 羿：神话中射日的英雄。前人都认为是篡夺夏政的后羿。其实不是一个人。③ 薄：相比较少一点，轻一点。④ 子濯孺子：郑国大夫。⑤ 庾公之斯：即庾公斯，卫国大夫。"之"是衬字，下文"尹公之他"的"之"与此相同。⑥ 尹公之他：卫国人，生平不详。⑦ 端人：正派人。⑧ 金：这里指箭头。⑨ 乘矢：古称四马所拉的车为一乘，所以"乘"可指四。

今译

逄蒙向羿学射箭，掌握了羿全部的射箭技艺，他想天下只有羿胜过自己，因此杀掉了羿。孟子说："这事羿也有过错。"

公明仪说："羿好像应当没有过错吧。"

孟子说："过错小一点而已，哪能说没有过错呢? 郑国让子濯孺子侵犯卫国，卫国便派庾公斯来追击他。子濯孺子说：'今天我的病发作了，不能拿弓，我要死了。'他又问驾车的人说：'追我的是谁呀?'驾车的人回答说：'是庾公斯。'子濯孺子说：'我又能活了。'驾车的人说：'庾公斯是卫国有高超技艺的射手，您却说又活了,这怎么说呀?'子濯孺子回答说:'庾公斯跟尹公他学射箭,尹公他又跟我学射箭。尹公他是个正派人,他选择的朋友也一定正派。'庾公斯追上来,问:'老师为什么不拿弓?'子濯孺子回答说:'今天我的病发作了,不能拿弓。'庾公斯便说:'我向尹公他学射箭,尹公他向您学射箭。我不忍心拿您的技艺反过来伤害您。但即使这样,今天的事情是君国的事,我不敢不做。'然后庾公斯抽出箭,在车轮上敲一敲,取下箭头,射四箭后返回去。"

释义

羿的过错在哪里?他作为老师,没有在提升逄蒙射箭技艺时提高他的品德修养;同时,羿也没有洞察人的眼光,没有看出逄蒙是不端的人。

孟子的思考不无道理,但孟子举庾公斯的例子并不是非常恰当,因为庾公斯最后以私义弃公义。

故者以利为本

原文

孟子曰:"天下之言性也,则故而已矣。故者以利①为本。所恶于智者,为其凿也。如智者若禹之行水②也,则无恶于智矣。禹之行水也,行其所无事也。如智者亦行其所无事,则智亦大矣。天之高也,星辰之远也,苟求其故,千岁之日至③,可坐而致也。"

——《孟子·离娄下》

注解：① 利：顺。② 行水：让水运行。③ 日至：冬至。

今译

孟子说:"天下人探讨人性,能寻求到其缘由就可以了。寻求到缘由,要以顺其自然为基础。我们厌恶使用聪明是因为聪明容易让人陷于穿凿。如果聪明的人像禹让水运行那样,那么就不必厌恶聪明了。禹能够让水运行,是顺其自然的缘故。如果聪明的人也能不违反自然规律,那么是大聪明了。天很高,星辰也很远,但是只要能寻求到其缘由,千年之后的冬至,也可以因此推算出来。"

释义

人们探讨人性要寻求到原本,要以顺其自然为基础。如果聪明的人像禹采用疏导的方式让水顺其自然地运行那样,那么,一切都可以按照规律找到答案。

孟子这里讲的是顺其自然的问题。

未有盛于孔子也

原文

"宰我①、子贡②善为说辞;冉牛③、闵子④、颜渊⑤善言德行。孔子兼之，曰：'我于辞命，则不能也。'然则夫子既圣矣乎？"

曰："恶⑥！是何言也？昔者子贡问于孔子曰：'夫子圣矣乎？'孔子曰：'圣则吾不能，我学不厌而教不倦也。'子贡曰：'学不厌，智也，教不倦，仁也。仁且智，夫子既圣矣。'夫圣，孔子不居——是何言也！"

"昔者窃闻之：子夏⑦、子游⑧、子张⑨皆有圣人之一体，冉牛、闵子、颜渊则具体而微，敢问所安。"

曰："姑舍是⑩。"

曰："伯夷⑪、伊尹⑫何如？"

曰："不同道。非其君不事，非其民不使；治则进，乱则退，伯夷也。'何事非君，何使非民？'治亦进，乱亦进，伊尹也。可以仕则仕，可以止⑬则止，可以久⑭则久，可以速则速⑮，孔子也。皆古圣人也，吾未能有行焉；乃⑯所愿，则学孔子也。"

"伯夷、伊尹于孔子，若是班⑰乎？"

曰："否！自有生民以来，未有孔子也。"

曰："然则有同与？"

曰："有。得百里之地而君⑱之，皆能以朝诸侯，有天下；行一不义，杀一不辜，而得天下，皆不为也。是则同。"

曰："敢问其所以异。"

曰："宰我、子贡、有若⑲，智足以知圣人；汙⑳，不至阿其所好。宰我曰：'以予㉑观于夫子，贤于尧、舜㉒远矣。'子贡曰：'见其礼而知其政，闻其乐而知其德㉓，由百世之后，等㉔百世之王，莫之能违也。自生民以来，未有夫子也。'

有若曰：'岂惟民哉？麒麟之于走兽，凤凰之于飞鸟，泰山之于丘垤㉕，河海之于行潦㉖，类也。圣人之于民，亦类也。出于其类，拔乎其萃㉗，自生民以来，未有盛于孔子也。'"

——《孟子·公孙丑上》

注解：① 宰我：孔子的弟子宰予。② 子贡：孔子的弟子端木赐。③ 冉牛：孔子的弟子冉耕，字伯牛。④ 闵子：孔子的弟子闵损，字子骞。⑤ 颜渊：孔子的弟子颜回，字子渊。⑥ 恶：叹词，表惊讶不安。⑦ 子夏：孔子的弟子卜商。⑧ 子游：孔子的弟子言偃。⑨ 子张：孔子的弟子颛孙师。⑩ 姑舍是：姑，暂且。舍是，代词，这个。⑪ 伯夷：相传是商末孤竹国君的儿子，因与弟弟叔齐相互谦让君位而双双逃奔周国。后来因周武王出兵讨伐商朝，他们劝阻无效，便隐居到首阳山，"义不食周粟"而饿死。⑫ 伊尹：商初大臣，名伊，尹是官名。⑬ 止：停止，指退隐。⑭ 久：久留。⑮ 速：速退。⑯ 乃：至于，至若。⑰ 班：齐等的样子。⑱ 君：使……为君。⑲ 有若：孔子的弟子。⑳ 污(wū)：低下。㉑ 予：宰我之名，古人常自称其名以表敬意。㉒ 尧、舜：古代传说中的两位圣君。㉓ 见其礼而知其政，闻其乐而知其德：诸"其"字是指各国。㉔ 等：差等，这里有比较、评论的意思。㉕ 垤(dié)：小土堆。㉖ 行潦(liǎo)：流动的雨水。潦，雨水。㉗ 拔乎其萃：拔，突起，超越。萃，会聚。

今译

公孙丑说："宰我、子贡善于辞令，冉牛、闵子、颜渊善于阐明德性，孔子则同时具有两种长处，但是他还说：'我不擅长辞令。'老师既善于分析别人的言辞，又善于养浩然之气，您已经是圣人了吧？"

孟子说："哦！这是什么话？以前子贡问孔子说：'老师已经

是圣人了吗?'孔子说:'圣人我没有做到,我只是学习不厌倦,教人不辞疲劳罢了。'子贡便说:'学习不厌倦是智;教人不辞疲劳是仁。具备了仁又具备了智,老师已经是圣人了。'圣人,孔子尚且不自居,你却说我是圣人,这是什么话呢?"

公孙丑说:"从前我私下听说过,子夏、子游、子张各有孔子某些方面的品德;冉牛、闵子、颜渊具有孔子全部品性,但不如孔子那样充分。学生大胆请问老师:您属于哪一种?"

孟子说:"暂且放下这个话题。"

公孙丑问:"伯夷和伊尹怎么样?"

孟子说:"他们两人处世原则不一样。不是他意中的君主不侍奉,不是他意中的百姓不使唤,政治清明就出仕,政治昏乱就隐居,这是伯夷的处世原则。任何君主都侍奉,不在乎是不是意中的君主;任何百姓都使唤,不在乎是不是意中的百姓;政治清明出仕,政治昏乱也出仕,这是伊尹的处世原则。可以出仕就出仕,应当退隐就退隐,能够干下去就干下去,必须马上走就马上走,这是孔子的处世原则。这些人都是古代圣人,我没有能做到他们那样。至于我的愿望,就是学习孔子。"

公孙丑又问:"伯夷、伊尹与孔子能相提并论吗?"

孟子回答说:"不能!自有人类以来,没有人能比得上孔子。"

公孙丑又问:"那么,他们有共同的地方吗?"

孟子回答说:"有。让他们做方圆百里土地的君主,他们都能够使诸侯来朝拜,拥有天下。做一件不合道义的事、杀一个无罪的人来得到天下,他们都不会做。这就是他们共同的地方。"

公孙丑又问:"学生大胆,请问他们不同的地方在哪里呢?"

孟子回答说:"宰我、子贡、有若,他们的智慧足以了解圣人,他们虽然所处位置低下,但也不至于阿谀他们喜欢的人。宰我说:'以我的眼光看老师,他远比尧、舜贤德。'子贡说:'孔子看一国的礼制就了解一国的政治,听一国的音乐就知道一国的德教。即使在百代以后评价百代以来的君王,也不会有哪个评价能背离老师的评价。自从有人类以来，没有人能比得上他。'有若说：'难道只有人类有高下之分吗？麒麟对于走兽，凤凰对于飞鸟，泰山对于土堆，河海对于小溪，都一样高出同类。圣人对于百姓，亦是一样高出同类。高出自己的同类，超越自己的群体，自从有人类以来没有比孔子更伟大的人了。'"

释义

孔子是至圣先师，所以孟子"乃所愿，则学孔子也"。

何 取 于 水

原文

徐子①曰："仲尼亟②称于水，曰：'水哉，水哉！'何取于水也？"

孟子曰："原泉混混③，不舍昼夜，盈科④而后进，放⑤乎四海。有本者如是，是之取尔⑥。苟为无本，七八月之间雨集，沟浍⑦皆盈；其涸也，可立而待也。故声闻⑧过情，君子耻之。"

——《孟子·离娄下》

注解：① 徐子：徐辟，孟子的弟子。② 亟(qì)：屡次。
③ 混混：同"滚滚"。④ 科：坑洼。⑤ 放：至。⑥ 是之取尔：

"取是尔"的倒装句，"尔"同"耳"。⑦ 浍（kuài）：田间水道。
⑧ 声闻（wèn）：名誉，名声。

今译

徐子说："孔子多次称赞水，说'水啊，水啊！'他从水那里得
到的是什么呢？"

孟子说："有源头的泉水滚滚流淌，昼夜不停，注满坑洼后继
续前进，一直流到海洋去。有本源的就像这样，孔子从水那里得
到的就是这个罢。如果没有本源，就像七八月间雨水虽然很集
中，大小沟渠都满了，但干枯也是立而可待的事。所以名声若超
过了实情，君子认为是羞耻的事。"

释义

孟子看到了"孔子取水之有本"。"本"就是源，有了源，就会
永不枯竭。无源之水，无本之木，其枯"立而待"。人生也是如
此，要开源，尤其是要开终身修养之源。否则，即使先前有再大
的名声，随着时间的推移，也会"声闻过情"——这是羞耻的事。

其中，非尔力也

原文

孟子曰："伯夷目不视恶色，耳不听恶声。非其君不
事；非其民不使。治则进，乱则退。横政①之所出，横民

之所止，不忍居也。思与乡人处，如以朝衣朝冠坐于涂炭也。当纣之时，居北海之滨，以待天下之清也。故闻伯夷之风者，顽②夫廉，懦夫有立志。

　　"伊尹曰：'何事非君？何使非民？'治亦进，乱亦进，曰：'天之生斯民也，使先知觉后知，使先觉觉后觉。予，天民之先觉者也。予将以此道觉此民也。'思天下之民，匹夫匹妇有不与被尧、舜之泽者，若己推而内之沟中——其自任以天下之重也。

　　"柳下惠不羞污君，不辞小官。进不隐贤，必以其道。遗佚而不怨，阨穷而不悯。与乡人处，由由然③不忍去也。'尔为尔，我为我，虽袒裼裸裎④于我侧，尔焉能浼⑤我哉？'故闻柳下惠之风者，鄙夫宽，薄夫敦。

　　"孔子之去齐，接淅⑥而行；去鲁，曰：'迟迟吾行也，去父母国之道也。'可以速而速，可以久而久，可以处而处，可以仕而仕，孔子也。"

　　孟子曰："伯夷，圣之清者也；伊尹，圣之任者也；柳下惠，圣之和者也；孔子，圣之时者也。孔子之谓集大成。集大成也者，金声而玉振之⑦也。'金声也者，始条理也；玉振之也者，终条理也。始条理者，智之事也；终条理者，圣之事也。智，譬则巧也；圣，譬则力也。由⑧射于百步之外也，其至，尔力也；其中，非尔力也。"

　　　　　　　　　　——《孟子·万章下》

　　注解：① 横（hèng）政：暴政。下文的"横民"即"暴民"。
　　② 顽：贪。③ 由由然：悠悠然。④ 袒裼（xī）裸裎（chéng）：

袒,裸露。裼,脱去上衣。裎,同"裸"。⑤：同"污",玷污。
⑥ 渐:渐米,汰米,淘米。⑦ 金声而玉振之:奏乐时用钟声
起,用磬声收。振,收。⑧ 由:通"犹"。

今译

孟子说:"伯夷,眼睛不看邪恶的色彩,耳朵不听邪恶的声
音。不是他意中的君主不侍奉,不是他意中的百姓不使唤,政治
清明就出仕,政治昏乱就隐居。施行暴政的国家,住有暴民的地
方,他不忍心居留。他觉得与乡里人相处,就像穿着上朝礼服戴
着上朝的礼帽坐在污秽的地方。在纣时,他住在北海边等待天
下的清明。所以,受伯夷风范熏染的人,原来贪婪的就会廉洁起
来,原来懦弱的就会产生不屈的意志。

"伊尹说:'任何君主都侍奉,不在乎是不是意中的君主;任
何百姓都使唤,不在乎是不是意中的百姓。'他政治清明时出仕,
政治昏乱时也出仕。他说:'老天生育这些百姓,让先懂道理的
人使后懂道理的人觉悟,让先觉醒的人使后觉醒的人觉悟。我
是百姓中先觉醒的人,我将用尧、舜的王道来使百姓觉悟。'他觉
得天下的百姓如果有任何一个男人或女人没有受到尧、舜王道
的恩泽,就像是自己推他进了山沟里。这是他把为天下百姓解
除疾苦的重担作为自己的重任。

"柳下惠不把侍奉污浊的君主作为羞耻的事,不会认为官小
而辞掉;出仕不隐藏自己的才能,一定按自己的为官原则做事;
若被遗弃也不怨恨,处在困厄中也不忧愁。与乡里人相处,悠悠
然的样子,不忍离开。他说:'你是你,我是我,即使在我旁边赤
身裸体,你哪能玷污我呢?'所以,受柳下惠风范熏染的人,原来
气量小的就会宽广起来,原来刻薄的就会厚道起来。

"孔子离开齐国,等不及做饭,拿着淘好的米就走;离开鲁国
时却说:'我们慢慢走吧,这是离开祖国的态度。'必须马上走就

马上走,能够干下去就干下去,应当退隐就退隐,可以出仕就出仕,这便是孔子。"

孟子又说:"伯夷是圣人中特高洁的人,伊尹是圣人中负责的人,柳下惠是圣人中随和的人,孔子是圣人之中识时务的人。孔子叫做集大成。集大成的人就像奏乐从敲钟开始,到击磬收束。敲钟开始使音乐在有序中开始,击磬收束使音乐在有序中终结。有序的开始是智的表现,有序的终结是圣的表现。智好比技巧,圣好比力气。犹如在百步以外射箭,射到那么远靠你的力量,射中靶子却不是靠你的力量。"

释义

本章通过比较,让读者看到伯夷、伊尹、柳下惠三人都有圣者的某一方面特性,或特别高洁,或勇于担当,或十分随和,但都不是"集大成"。在孟子看来,只有孔子集诸位圣人所长,成为"圣之时者",既有技,又有力,所以能"中"。

予私淑诸人也

原文

孟子曰:"君子之泽①,五世而斩,小人之泽,五世而斩。予未得为孔子徒也,予私淑②诸人也。"

——《孟子·离娄下》

注解：① 泽：影响。② 淑：通"叔"，拾取。

今译

孟子说："君子的影响到五代就断绝了，小人的影响也到五代断绝。我没有能够成为孔子的弟子，但我私下向孔子的众多传人学习。"

释义

孟子以孔子学说的继承者自任。他虽然为自己没有能成为孔子的嫡传弟子而感到遗憾，但他向孔子的众多传人学习，包括孔子的孙子子思的门人等。

死 伤 勇

原文

孟子曰："可以取，可以无取，取伤①廉；可以与，可以无与，与伤惠；可以死，可以无死，死伤勇。"

—《孟子·离娄下》

注解：① 伤：损害。

今译

孟子说:"可以拿,可以不拿,拿了就损害廉洁;可以给,可以不给,给了就损害恩惠;可以死,可以不死,死了就损害勇敢。"

释义

在可与不可之间,大有学问。贪财的人会选择拿,贪恩的人会选择给,贪勇的人选择死。在孟子看来,这都属于"过犹不及"。可拿、可不拿时就不拿,这是守身。可给、可不给时就不给,这是维护恩惠的高贵。可死、可不死时就不死,这是珍爱生命,将使生命更有为。

恶 知 其 非 有

原文

孟子曰:"尧、舜,性之①也;汤、武,身之也;五霸,假之也。久假而不归,恶知其非有也。"

——《孟子·尽心上》

注解:① 性之:本性使他们这样。

今译

孟子说:"尧、舜仁德,是本性使他们这样;商汤王、周武王躬

141

行仁德,是修炼使他们这样;五霸是借来仁德运用。借久了不归还,哪里知道自己不是真有呢?"

释义

"久假而不归,恶知其非有也",这正是"假做真时真亦假"。

在孟子看来,春秋五霸尽管建立了功业,但他们并不像汤、武那样行仁德,更不像尧、舜那样天性中具有仁德。他们只是假借仁德之名成就霸业。而时间一长,本来人们就不太了解的真相就变得更加模糊了。

孟子这些话只是对一种现象的感慨,但那句"久假而不归,恶知其非有也",却有着非常重要的警示意义——假象时间一长,人们就以为是真相。当事人如此,局外人更如此。

胸中正,则眸子瞭

原文

孟子曰:"存①乎人者,莫良于眸子②。眸子不能掩其恶。胸中正,则眸子瞭③焉;胸中不正,则眸子眊④焉。听其言也,观其眸子,人焉廋⑤哉?"

——《孟子·离娄上》

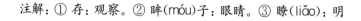

注解:① 存:观察。② 眸(móu)子:眼睛。③ 瞭(liǎo):明

亮。④ 眊(mào)：昏暗不明的样子。⑤ 廋(sōu)：隐藏。

今译

孟子说："观察人的方法，没有哪一种比观察人的眼睛更好了。因为眼睛不能掩饰一个人内在的恶。心正，眼睛就明亮；心不正，眼睛就昏暗。听人说话，观察他的眼睛，这人内心能隐藏到哪里呢？"

释义

"观其眸子，人焉廋哉？"孟子告诉我们观察人的一种重要方法。但这种方法的有效性，不全在被观察者的眼睛里，还有一半在观察者的眼睛里。

观察者的眼睛因观察者眼力的高低而作用悬殊。只有眼力高深者，才能真正从对方眼睛流露的信息里读出真东西。

人乐有贤父兄

原文

孟子曰："中①也养不中，才也养不才，故人乐有贤父兄也。如中也弃不中，才也弃不才，则贤不肖②之相去，其间不能以寸。"

——《孟子·离娄下》

注解：① 中：无过无不及，即中庸。② 不肖：不才。

今译

孟子说："达到中庸的人教育熏陶达不到中庸的人，有才能的人教育熏陶没有才能的人，所以人们都高兴自己有贤能的父兄。如果达到中庸的人不去教育熏陶达不到中庸的人，有才能的人不去教育熏陶没有才能的人，那么贤能与不才的距离，相差就不能用寸来计量了。"

释义

孟子在《公孙丑上》中说："乃所愿，则学孔子也。"孟子是孔子学说的坚定信徒。但孟子有时也修正老师的观点，如本章就是。孔子说："无友不如己者。"（《论语·学而篇第一》）孟子却主张有德有贤的人去"养"不及自己的人。孟子没有直接反驳孔子的观点，但他说"中也弃不中，才也弃不才，则贤不肖之相去，其间不能以寸"，则是对孔子观点的否定。如果大家都"无友不如己者"，那没有谁可以进步。只有"中也养不中，才也养不才"，大家才能共同进步。这也就是"人乐有贤父兄"的重要原因。

无为其所不为

原文

孟子曰："无为其所不为，无欲其所不欲，如此而已矣。"

——《孟子·尽心上》

今译

孟子说："不做那不该做的事，不想那不该想的东西，这样就行了。"

释义

什么该做，什么不该做；什么能想，什么不能想；什么可要，什么不可要——弄明白这些，就达到孔子所言的"从心所欲不逾矩"的境界了。

为弃井也

原文

孟子曰："有为者辟①若掘井，掘井九轫②而不及泉，犹为弃井也。"

——《孟子·尽心上》

注解：① 辟：通"譬"。② 轫：通"仞"，古代量词，一仞为六尺或八尺，九轫则相当于六七丈。

今译

孟子说:"做事好比挖井一样,挖到六七丈深还没挖到泉水,如果停止不再挖下去,就还是一口废井。"

释义

为人、治学都要有坚定的信念,不能半途而废。

以其昭昭使人昭昭

原文

孟子曰:"贤者以其昭昭①使人昭昭,今以其昏昏使人昭昭。"

——《孟子·尽心下》

注解:① 昭昭:明白,清楚。

今译

孟子说:"贤人以自己清楚明白的教导来使别人清楚明白,如今的人却以自己模糊不清的表达想使别人清楚明白。"

释义

后半句,孟子本意是批评国君们本身对仁道仁政并没有弄清楚,甚至糊里糊涂,却要以此来教化民众的荒唐可笑。后来人们多用"以其昏昏使人昭昭"来讽刺那些自己也没有把问题搞清楚,却要稀里糊涂地去教导他人的好为人师者。

教亦多术矣

原文

　　孟子曰:"教亦多术矣。予不屑之教诲也者,是亦教诲之而已矣。"

——《孟子·告子下》

今译

　　孟子说:"教育也有很多方法,我不屑于去教诲他,这也是教诲他的一种方法啊。"

释义

　　教与不教,教多教少,先教后教,都应视教育对象而定。"不屑之教"作为一种教育方法,主要是以此激发受教育者的内在活力,使他有"知耻而后勇"的觉悟。

无耻之耻，无耻矣

原文

孟子曰："人不可以无耻。无耻之耻，无耻矣。"

——《孟子·尽心上》

今译

孟子说："人不可以没有羞耻心。不知羞耻的那种羞耻，是真不知羞耻了！"

释义

孟子重视"耻"，认为人应当有"羞耻心"。有了羞耻心，就会在省悟中进步；没有羞耻心，就会沦为禽兽。

春秋无义战

原文

孟子曰："春秋无义战，彼善于此，则有之矣。征者，上伐下也,敌国不相征也。"

——《孟子·尽心下》

今译

　　孟子说:"春秋时代没有合乎义的交战,那一方比这一方稍好一点却是有的。征,是在上位的讨伐在下位的,对等的国家不相互讨伐。"

释义

　　春秋时代周天子的力量不足以约束天下,先前的"礼乐征伐自天子出"变成了"礼乐征伐自诸侯出",诸侯之间为了各自的利益相互攻伐。孟子讲的"无义战"即指此。

尽信《书》不如无《书》

原文

　　孟子曰:"尽信《书》①,则不如无《书》。吾于《武成》,取二三策②已矣。仁人无敌于天下。以至仁伐至不仁,而何其血之流杵③也?"

——《孟子·尽心下》

注解：①《书》：即《尚书》，是上古时代的文献选集，是最早的历史著作，也是儒家重要经典之一。后文的《武成》是《尚书》中的篇名，记载周武王伐纣的事。② 二三策：当时纸张还没有发明，书籍抄写在竹简上，每一片竹简称一策。③ 杵（chǔ）：木棒。

今译

孟子说："完全相信《书》，不如没有《书》。我对于《武成》篇，不过相信其中很少的一部分罢了。仁人在天下没有对手。以最仁德的人去讨伐最不仁的人，怎么会血流得把木棒都漂起来呢？"

释义

读书要领会书中的精神实质，不能以辞害意。学习要融会贯通，不能拘泥小节。治学要有独立思考，不能人云亦云。

逃杨必归于儒

原文

孟子曰："逃墨必归于杨①，逃杨必归于儒。归，斯受之而已矣。今之与杨、墨辩者，如追放豚②，既入其苙，又从而招③之。"

——《孟子·尽心下》

注解：① 逃墨必归于杨：墨，墨子及其学派、学说，主张
"兼爱""非攻"等。杨，杨朱及其学派、学说，主张为己。② 苙
(lì)：圈养牲畜的栏。③ 招：用绳缚住脚。

今译

孟子说："背叛墨家学派的人必定归入杨朱一派，逃离杨朱
一派的人必定归向儒家。归向儒家的人，就接纳他们罢了。现
在与杨、墨两家辩论的人，好像追逐走失的猪一样，已经关进了
圈栏，还要把它的脚缚住。"

释义

儒家在孟子时代，要与各家辩论，其中墨、杨两家是重要对
手，当时"杨朱墨翟之言盈天下"。孟子在与墨、杨两家辩论中
说："杨氏为我，是无君也；墨氏兼爱，是无父也；无父无君，是禽
兽也。"孟子以儒家传人自任，坚信儒家能传之久远。本章所说
的"必归于儒"即体现了这一信念。

劳心者治人

原文

"然则治天下独可耕且为与①？有大人之事，有小人

之事。且一人之身而百工之所为备，如必自为而后用之，是率天下而路②也。故曰：或劳心，或劳力。劳心者治人，劳力者治于人；治于人者食人，治人者食于人，天下之通义也。"

——《孟子·滕文公上》

注解：① 独可耕且为与：独……与，难道……吗？与，通"欤"。② 路：在道路上奔走，指疲于奔命。

今译

孟子说："既然这样，那么治理天下难道可以一边耕地一边干吗？有君子做的事，有百姓做的事。况且一个人的生活中，各种工匠制作的物品都需具备，如果每种物品都必须自己制作来使用，这就是带领天下的人疲于奔命。所以说有的人使用心力，有的人使用体力，使用心力的人治理人，使用体力的人被人治理；被人治理的人养活人，治理人的人被人养活，这是天下通行的原则。"

释义

"一人之身而百工之所为备，如必自为而后用之，是率天下而路也。"孟子看到了社会分工的必然性，因此，他说出这句非常著名的话："劳心者治人，劳力者治于人；治于人者食人，治人者食于人，天下之通义也。"这句话不仅指出"劳心者"（脑力劳动者）与"劳力者"（体力劳动者）社会分工的必然性，而且揭示了社会组织中的一条重要规律。

再版后记

《中华根文化·中学生读本》(15 种)2012 年由复旦大学出版社首版,2014 年作为复旦附中教学成果"阅读中国人 书写中国人"的教材组成部分,荣获国家级教学成果一等奖。此次上海教育出版社再版,基本保持原版模样,所做的工作主要是汇聚读者意见,对原版内容做适度删节。删节时主要考虑两点:更加突出"根文化"概念;使单元主题更集中。

我们在 2010 年策划出版这套图书时就认为,"中华根文化"是 21 世纪中华儿女走向世界,参与全球化进程的一种重要力量。今天我们更认为,"中华根文化"蕴含着中华民族的情感力、思想力、想象力、创造力、批判力等不竭的生命力。尤其是那种挺立天地之间,居仁行义的天下意识、宇宙意识与人类情怀,深度契合着困难重重的 21 世纪的人类社会的内在需要,已显现出了一种崭新的人类文化的光辉特质。因此,我们愿意继续为"中华根文化"的现代传译尽自己的微薄之力,让更多的读者,尤其是中学生读者,更好地认识、理解中华民族根文化的根性特征——不仅是民族文化之根,也是世界文化之根——而拥有自我生命的大觉醒、大参悟，成为真正"具有中国心的现代文明人"（于漪老师语）。

再版时，我们力所能及地对原版的错误做了修订，但限于能力，一定还有许多不当之处，敬请读者批评指正。

黄荣华

2017 年 3 月 13 日